La stimulation basale

Concetta PAGANO

Thierry ROFIDAL

La Stimulation Basale

Prendre Soin De Ceux Qui Prennent Soin Des Autres

Préface et entretiens

Andreas FRÖHLICH

Préface
Andreas Fröhlich

Un auteur peut être fier de voir l'une de ses "é èves" reprendre et développer le thème de sa vie.

C'est ce que fait Concetta Pagano. Elle travaille avec et pour le concept de stimulation basale. Elle présente aujourd'hui un livre qui permet aux collègues francophones de se familiariser avec l'approche de la stimulation basale et ses applications.

Même à l'époque d'Internet, les livres sont des sources importantes d'informations et d'apprentissages. Ils créent un point commun entre ceux qui s'intéressent à un sujet, qui veulent travailler ensemble à l'amélioration de la vie des personnes très gravement handicapées et vulnérables. Ce livre peut devenir une référence, une base commune pour les acteurs professionnels et familiaux.

C'est à vous, avant tout, que je souhaite d'y trouver de nombreuses connaissances et d'utiles conseils.

Concetta a rassemblé beaucoup de choses, elle a surtout intégré de manière autonome d'autres idées et modèles. Elle a classé tout cela dans un ordre clair et l'a présenté de manière que ceci puisse vraiment être utilisé. C'est une performance particulière pour laquelle je remercie expressément l'autrice.

Les explications historiques de Thierry Rofidal permettent de replacer les efforts, les pensées et les théories d'aujourd'hui dans un contexte plus large et ainsi de mieux les comprendre.

Les personnes dont parlent les deux auteurs ont besoin de notre aide et de notre accompagnement. Mais elles ont également besoin de proximité et de contact, d'attention et de résonance. Tout cela n'est pas toujours facile à donner, nous sommes souvent confrontés à des barrières de communication. Il nous manque les moyens "naturels" d'une communication satisfaisante. Le concept de stimulation basale tente de surmonter ces barrières, de développer des techniques et des aides particulières qui permettent une communication simple et basale malgré tous les obstacles.

Et c'est justement là que ce livre apporte des idées et des conseils nouveaux et différenciés qui peuvent donner un nouvel élan au concept de stimulation basale.

En lisant ce livre, vous découvrirez de nouvelles façons d'entrer en contact avec des personnes gravement handicapées, des façons de leur offrir de l'aide et de l'accompagnement.

Je vous souhaite de nombreuses expériences positives.

Introduction

« C'est ce que nous pensons déjà connaitre
qui nous empêche souvent d'apprendre »
Claude Bernard

Dans notre ouvrage précédent[1] en 2018, nous avions proposé une réflexion sur le projet individualisé s'appuyant sur les principes pédagogiques et philosophiques de la stimulation basale auprès des personnes en situation de handicap sévère. Notre volonté était de proposer une démarche globale et transdisciplinaire pour que le projet soit un véritable outil d'accompagnement au quotidien pour les professionnels. Alors que les lois et les dispositifs se sont multipliés ces dernières années (Loi 2005 ; Stratégie quinquennale de l'offre de l'évolution du médico-social, volet polyhandicap, 2017 ; Protocole national de Diagnostic et de soins (PNDS) générique Polyhandicap, 2020 ; guide des bonnes pratiques HAS, 2017 ; Séraphin-PH, 2018), les professionnels du médico-social s'interrogent sur le sens même de leur accompagnement, confrontés de plus en plus à des injonctions parfois paradoxales de décideurs, de directions, de

[1] ROFIDAL T. – PAGANO C., Projet individuel et Stimulation Basale – Vers une pédagogie de l'accompagnement de la personne en situation de polyhandicap, éditions Erès, 2018

cadres, déconnectés de la réalité de terrain, retranchés pour certains dans leur bureau, de plus en plus à distance des équipes de vie quotidienne. De façon plus globale, les métiers de l'humain traversent une crise sans précédent depuis la pandémie (démissions, difficulté à recruter pour les établissements et les centres de formation des métiers du social et de la santé…). Il est certain que nous assistons à un changement de paradigme de la « valeur travail » pour de multiples raisons que nous ne développerons pas ici. Cependant, nous constatons que ceux qui restent incarnent les valeurs de don de soi, de souci de l'autre, d'engagement et de solidarité, en quête de (re)donner du sens à leur travail.

Au fil du temps, l'accompagnement a dû répondre à de plus en plus d'obligations et d'injonctions administratives, et quelquefois à des méthodes managériales très discutables, voire inacceptables. Force est de constater que les qualités humaines ne semblent plus être la panacée pour un accompagnement dit de « qualité » auprès des personnes en situation de handicap sévère. La rencontre n'est plus au premier plan, les éducateurs spécialisés en formation apprennent à coordonner au détriment de la relation éducative. Ils doivent planifier, organiser, développer des réseaux, coordonner des projets personnalisés. Mais comment coordonner le projet d'une personne lorsqu'on ne la rencontre pas au quotidien dans sa réalité ? Comment aider les professionnels à *penser le projet* plutôt que de le faire ?

Un bébé avec une grande prématurité, un enfant polyhandicapé, un adulte atteint d'une maladie dégénérative, une personne âgée atteinte de la maladie d'Alzheimer ont tous un point commun : la vulnérabilité et la dépendance dès le berceau, puis à la fleur de l'âge et enfin au déclin de la vieillesse. Cette dépendance se traduit par le besoin d'une grande et juste proximité (et non pas distance) et d'une aide dans tous les actes de la vie quotidienne qui implique une attention particulière, une disponibilité physique et psychique des accompagnants.

Le *prendre soin* devient alors essentiel. Mais encore faut-il que l'action quotidienne dans les établissements médico-sociaux qui accueillent des personnes en situation de handicap développe une véritable démarche de *prendre soin*. Celle-ci doit se traduire par des actes et essentiellement par une démarche d'accompagnement soucieuse de répondre aux besoins et aux compétences de ces personnes. L'approche de la stimulation basale invite les professionnels à une réflexion centrée sur la Rencontre, au sens philosophique du terme : accueillir l'autre, être présent à l'autre par une finesse d'observation, de perception et de disposition d'ouverture au monde de cet autre sans attente et sans préjugés. La première rencontre avec une personne en situation de handicap sévère est troublante, elle ne nous laisse jamais indifférents. D'un simple sentiment de mal-être ou de surprise à un sentiment plus vertigineux d'étonnement, de peur, ou de fascination, la rencontre nous propulse dans un univers singulier. En apprenant à connaitre et à reconnaitre cet autre au-delà des apparences et des représentations que nous pouvons en avoir, nous apprenons à mieux nous connaitre également.

En se formant à la stimulation basale, les accompagnants éprouvent le toucher sous différentes formes, le sentiment de dépendance, la vulnérabilité, la peur ou la frustration, essentiellement à travers des mises en situation. Ils prennent conscience de l'importance de se (re)centrer sur l'essentiel : se rencontrer, accompagner et solliciter la personne sans s'imposer à elle, la toucher sans l'envahir afin qu'elle puisse se percevoir (ressentir son corps, se ressentir soi-même dans son corps, bouger), percevoir l'autre (communiquer, ressentir des émotions de sentiments, faire des expériences avec d'autres personnes) et le monde autour d'elle (percevoir, comprendre).

Aucune démarche de *prendre soin* ne peut s'inscrire dans un modèle théorique unique. L'approche de la stimulation basale, telle que la définit son auteur, se veut être « *un concept, c'est-à-dire une approche réfléchie des problèmes et des difficultés de personnes très dépendantes. Ce concept signifie qu'il ne s'agit pas d'une thérapie définitivement formulée et établie mais de réflexions fondamentales et essentielles qu'il convient toujours de reconsidérer et de réadapter* »[2].

Ainsi, la stimulation basale permet, grâce à ses modèles théoriques, de favoriser une démarche d'ouverture et de créativité en privilégiant le savoir-être : comment se rencontrer, tout en puisant dans un savoir-faire : comment accompagner, et en développant un savoir-penser : « *savoir voir nécessite savoir penser ce que l'on voit* »[3].

Elle vient nourrir les accompagnants dans une démarche de *prendre soin* en impulsant un mouvement qui permet d'aller à la rencontre, de tisser des liens de confiance, de cheminer ensemble, de faire un bout de chemin en commun, de se laisser surprendre par l'autre, de regarder la personne sous un autre angle, en se décentrant de ses propres certitudes et de ses représentations.

Nous avons privilégié le terme *accompagnants* plutôt qu'*aidants* ou *professionnels* pour désigner les personnes qui, au-delà

---

[2] FRÖHLICH. A – Le concept, p.12, éditions SZH, 1998
[3] Citation d'Edgar Morin, sociologue français et écrivain

d'une aide technique ou spécifique *(faire pour)*, accompagnent *(être avec ou faire avec)* des personnes en situation de handicap sévère.

Le terme *personne avec un handicap sévère* correspond à un enfant ou un adulte en situation de grande dépendance dont le langage verbal n'est pas ou n'est plus le principal moyen de communication (personnes en situation de polyhandicap, personnes atteintes de maladies dégénératives, personnes cérébrolésées, patients en soins intensifs, en réanimation, en fin de vie, personnes déficientes intellectuelles profondes avec ou sans troubles du spectre autistique, personnes âgées atteintes de démences dont la maladie d'Alzheimer). Comme dans nos précédents livres, nous avons fait le choix de parler plus particulièrement des personnes que nous connaissons le mieux, c'est-à-dire les personnes en situation de polyhandicap et les personnes cérébrolésées ou atteintes de maladies dégénératives (enfants et adultes).

La stimulation basale propose des chemins de rencontre pour soutenir et cheminer avec ces personnes à partir de leurs capacités à percevoir, à bouger et à communiquer. Elle les soutient et les accompagne dans la compréhension des situations vécues au quotidien en favorisant leur participation, leur expression et leur communication. Rencontrer et accompagner ces personnes dans leur réalité, c'est aussi donner du sens à une vie quotidienne qui contribue au développement et à l'épanouissement de celles-ci : *« les personnes très gravement atteintes n'ont pas uniquement besoin de lieux d'apprentissages, de thérapie et de soins, mais surtout d'un lieu de vie pour elles-mêmes et avec les autres »* [4].

Thierry Rofidal, médecin, formateur et auteur aborde dans un premier chapitre l'histoire du *Soin et des Soignants* puis dans un second chapitre, Andreas Fröhlich, auteur de la stimulation basale, nous livre ses ressentis, ses réflexions et ses convictions sur l'histoire, l'évolution et la compréhension de son concept sous forme de dialogue avec Concetta Pagano, formatrice en stimulation basale. Les aspects plus théoriques en lien avec l'approche basale sont développés dans le deuxième chapitre et le troisième chapitre est consacré à une réflexion sur *les espaces de rencontre,* proposée par Concetta Pagano.

Dans le dernier chapitre, les auteurs témoignent de l'intégration de la stimulation basale dans leur pratique respective, celle de médecin et celle d'éducatrice spécialisée auprès d'enfants et d'adultes en situation de polyhandicap. Des réflexions de professionnels et d'un parent viennent nourrir la question du *Prendre Soin.* Marielle Lachenal, mère d'une jeune femme vivant avec un handicap complexe, formatrice en Communication Alternative Améliorée (CAA), autrice de l'ouvrage collectif intitulé « être un parent en situation de handicap »[5], nous partage ses réflexions, ses questionnements en lien avec le prendre soin, la place des parents et l'importance de la communication. La question de la formation pour les parents est également abordée dans ce dernier chapitre.

---

[4] FRÖHLICH. A, Le concept, p.12, éditions SZH, 1998
[5] LACHENAL M., Être parent d'un adulte en situation de handicap, éditions Erès, 2023

I. Histoire du soin et des soignants
Thierry Rofidal

> *« Accueillir et soigner sont, en réalité, inséparables,*
> *leur essence étant philosophiquement et psychologiquement identique. »*
> Roland-Ramzi GEADAH, Psychologue et historien[6]

De nombreux écrits sont consacrés à l'histoire de la médecine et des médecins, très peu à l'histoire du soin. Depuis l'antiquité, les médecins soignent ; de tout temps, des auxiliaires les ont accompagnés dans cette tâche. Si les écrits des médecins (plus rarement sur les médecins) sont riches dans la littérature scientifique, les témoignages sur le travail des auxiliaires médicaux sont extrêmement pauvres jusqu'au XIX° siècle, probablement parce qu'ils n'ont pas ou très peu écrits eux-mêmes. De plus, leur appellation est loin d'être constante dans le temps. Cependant, en parcourant l'histoire de la médecine et des médecins de l'antiquité à nos jours[7], on peut tenter de suivre la façon dont les civilisations successives ont conçu et administré les

---

[6] GEADAH R. Regards sur l'évolution des soins, aspects historique et éthique des relations entre professionnels de santé et patients, Recherche en soins infirmiers, 2012/2, n° 109, pages 16 à 32

[7] SOURNIA J.C., Histoire de la médecine et des médecins, Ed. Larousse, Paris, 1991

« établissements de soin » pour penser et pratiquer le « prendre soin ».

1. L'Antiquité, de Babylone à Alexandrie

Le document sur l'art de soigner le plus ancien est certainement contenu dans le Code d'Hammourabi, 1750 ans avant notre ère qui fixe les honoraires des médecins en cas de succès de leurs interventions mais également les sanctions en cas d'échec. Dans cette civilisation de Mésopotamie comme dans l'Égypte antique à la même époque, la maladie est vécue comme le châtiment d'un péché et cela durera très longtemps. La médecine est donc mêlée à des pratiques magiques et religieuses. Le médecin de cette époque connait certaines plantes, fabrique des sirops, des pommades, des infusions, mais il contrôle également l'état sanitaire des animaux servant aux sacrifices, l'embaumement et les rites funéraires permettant au défunt d'atteindre l'éternité.

Dans la pensée grecque, la médecine se mêle toujours à la religion mais à la différence de l'Asie occidentale et de l'Égypte, les dieux peuvent ici prendre forme humaine et punir par blessure ou en répandant des épidémies. Ils peuvent aussi guérir. Asclépios (Esculape pour les romains) est de descendance divine, il a reçu des dieux son instruction. Ses filles continueront son œuvre : Hygie nous lègue l'hygiène et Panacée, les médicaments. Mais il subit un triste sort puisque Zeus le foudroie pour avoir ressuscité les morts ! Son temple est à Épidaure où les pèlerins accourent de toute la région pour recevoir les soins de médecins réputés.

Avant Hippocrate. de grands savants qui ont laissé des traces dans la mémoire de tous les collégiens (Pythagore, Thalès entre autres), ont étudié la nature ; ils sont mathématiciens, philosophes, astronomes, politiciens et tous un peu thaumaturges, c'est-à-dire capable de guérisons miraculeuses voire de résurrection. C'est dire si leur biographie emmêle histoire et légende.

Il en est de même pour Hippocrate qui vit en Grèce au V° siècle avant notre ère ; on le dit descendant d'Asclépios (donc des dieux). On le voit soigner sous un chêne dans son île de Kos, dans toute la Grèce antique jusque dans l'actuelle Bulgarie. On lui attribue une très riche œuvre littéraire, le Corpus Hippocratique, une soixantaine de livres qui ont probablement été rédigés par plusieurs savants sur plusieurs siècles mais qui laissent une grande place à l'observation clinique. Le document le plus célèbre du Corpus Hippocratique est le fameux serment que les médecins prêtent encore solennellement dans une forme modernisée. Des éléments de ce serment datant de 2500 ans nous semblent encore très actuels. La notion de confraternité insiste sur l'entraide et la formation des pairs *« Je ferai part de mes préceptes ...et de l'enseignement à mes fils, à ceux de mon maître... »* mais en vase clos *« mais à nul autre »*. Il proclame également que le médecin défend la vie avant tout et s'interdit de donner la mort. Il professe la règle du secret médical comme un droit élémentaire du malade.

La pensée médicale au temps d'Hippocrate qui sera enseignée jusqu'au XVIIIe siècle repose sur la théorie des humeurs, fondée elle-même sur la vision pythagoricienne de la constitution de l'univers : les quatre éléments (l'eau, l'air, le feu et la terre) sur lesquels se collent quatre caractères (l'humide, le sec, le chaud et le froid,) dont découlent les quatre humeurs du corps humain : la lymphe ou phlegme, le sang, la bile jaune et la bile noire.

Mais la « méthode » hippocratique repose sur le pragmatisme et ainsi, tente de débarrasser la médecine de la magie. Les soins doivent apporter un bénéfice au patient et, avant tout, ne pas lui nuire : « *primum non nocere* ». Le soignant doit écouter le patient, l'informer de son état de santé et faire tout ce qui est en sa compétence pour protéger son corps et son âme. Le mot patient trouve son origine dans le verbe latin *pati* qui signifie souffrir et qui a donné pâtir, passion... Le patient est celui qui souffre, il supporte sa souffrance, il la tolère et... il a de la patience.

Aristote nait peu de temps avant la mort d'Hippocrate . Il est considéré aujourd'hui comme l'un des philosophes le plus influent du monde occidental et comme tous les savants de l'antiquité, il s'intéresse à toutes les sciences, particulièrement à la physique, donc à l'étude de la nature, et à la médecine. Il place le siège de l'âme (ce qui anime l'être vivant) au niveau du cœur, car l'âme et les sentiments ne peuvent se définir indépendamment du corps.

Les conquêtes d'Alexandre le Grand, dont Aristote a été le précepteur, transportent la vie intellectuelle dans Alexandrie, la ville nouvelle créée par le roi de Macédoine. La dissection humaine y est autorisée et l'anatomie du système vasculaire et du système nerveux progresse mais leur fonctionnement échappe encore aux grands anatomistes que sont Hérophile et

Érasistrate. La rivalité entre Alexandrie et Rome. qui aboutit, dit-on, à l'incendie de la grande bibliothèque, fait émigrer les nombreux médecins formés à Alexandrie vers Rome au premier siècle avant notre ère où les traditions magiques et les sacrifices religieux sont encore courants.

Le faste de Rome et la puissance de leur empereur attirent les médecins, toujours formés en Asie Mineure et en Égypte, à l'exemple de Galien sur l'invitation de Marc-Aurèle. Galien, dont les écrits en latin se répandront dans tout le monde occidental pendant des siècles, adopte la théorie des quatre humeurs d'Hippocrate (lymphe, sang, bile jaune, bile noire) et des quatre tempéraments (lymphatique, sanguin, bilieux ou mélancolique) liés aux quatre âges de la vie (petite enfance, enfance et adolescence, âge adulte, vieillesse) et aux quatre éléments (eau, air, feu, terre) qui seront la base de la médecine jusqu'au Moyen Âge.

Galien parle également, au II° siècle de notre ère, de l'hygiène qui, pour lui, depend de « six choses non naturelles » (liées non pas à la nature, mais au choix des individus). Ce sont le choix de la nourriture et de la boisson, l'élimination de ce qui est superflu, les soins du corps, la respiration, l'exercice du corps et de l'esprit, la veille et le sommeil. À cette époque, apparaissent à Rome des égouts, ces latrines, des fontaines ainsi que les premiers établissements de soins, les *valetudinaria*, ancêtres des hôpitaux, destinés à soigner les militaires blessés ou victimes d'épidémies pendant les combats, dans lesquels des esclaves assistent les médecins. On ne connait pas encore d'établissements hospitaliers civils.

2. Le Moyen Âge chrétien

Le déclin de Rome et de son Empire est contemporain de l'épanouissement de celui d'Orient. Constantin crée en 330 la « Nouvelle Rome » : Constantinople (l'ancienne Byzance). Il avait promulgué peu avant l'Édit de Milan en 313, permettant à chaque citoyen de pratiquer le culte de son choix, ce qui provoquera l'essor de la religion chrétienne au Moyen Âge. Désormais, en Occident, le soin est lié, assujetti à la religion et aux religieux.

Auparavant et depuis des millénaires, les dieux punissaient les hommes par la maladie et pouvaient y remédier grâce aux offrandes et aux prières, de façon magique. Au Moyen Âge, le christianisme s'impose comme la seule religion de l'occident. Le clergé dispose de richesses considérables, il conseille les rois et les empereurs. Des couvents d'hommes et de femmes naissent partout, le travail manuel y est une valeur cardinale, d'ordre agricole et culturel. Mais une des principales valeurs chrétiennes, la charité, transforme certains couvents en lieu d'accueil, soit isolés pour accueillir les malades contagieux, soit dans les villes pour accueillir les nouveau-nés abandonnés, ou encore sur les chemins de pèlerinage pour héberger et soigner les pèlerins. Jusqu'au XIXᵉ siècle en Europe, l'institution hospitalière appartient au domaine de la charité chrétienne. Par ailleurs, depuis les invasions du Haut Moyen Âge, la disparition progressive du latin aux dépends des langues germaniques ne facilite pas la communication scientifique. Seuls, les clercs ont une bonne connaissance du latin classique dans lequel les ouvrages sont traduits et recopiés.

Les établissements de soins sont, à cette époque, associés à un monastère. Ils sont appelés *xenodochia*. Ils accueillent et portent assistance aux étrangers (ξενος [xenos] : étranger), aux pèlerins. Dans le monde latin, il devient *hospes* qui a une parenté étymologique assez obscure avec *hostis* : étranger[8]. Il désigne le voyageur, donc l'étranger mais aussi l'hôte qui est à la fois celui qui reçoit l'hospitalité, ou qui la donne. L'hospitalité est donc conçue dans le monde gréco-romain comme un droit divin de l'hôte (qui est invité) et un devoir divin de l'hôte (qui reçoit).

Dans ce Moyen Âge occidental, les hôpitaux sont des établissements administrés par le pouvoir religieux grâce aux nombreux dons et legs de particuliers riches qui souhaitent expier leurs fautes et gagner la vie éternelle. Ces établissements deviendront « Hôtel-Dieu » dont la fonction est d'accueillir tous les nécessiteux, qu'ils soient orphelins, malades, pauvres, infirmes ou encore étrangers de passage. Ils sont fondés par le pouvoir religieux comme l'Hôtel-Dieu de Paris créé au VII° siècle par saint Landry, évêque de Paris ou par le pouvoir militaire comme les Ordres Hospitaliers issus des croisades (Jérusalem, Saint-Jean d'Acre, Malte) ou encore par le pouvoir royal, Louis IX instituant les Quinze-vingts. Qu'il soit malade dans son corps ou son esprit, pauvre ou infirme, le patient (celui qui souffre) incarne le personnage du Christ (disciple d'Emmaüs dans l'évangile de Luc). Beaucoup d'entre eux recueilleront les victimes des épidémies de lèpre (maladie infectieuse), bannies de la société civile par une cérémonie religieuse (!) ainsi que les malades atteints d'ergotisme (intoxication par le parasite du seigle). Ce « mal des ardents » ou « feu de Saint-Antoine » était, contrairement à la

---

[8] MONDZAIN M.J., Les mots hôte, hostie, ennemi ont une origine commune ; http://www.seraphim-marc-elie.fr/article-les-mots-hote-hostie-ennemi-ont-une-origine-commune-118571794.htm

lèpre, miraculeusement guéri dans les établissements dévoués au culte de ce saint par l'alimentation apportée par les hospitaliers aux malades (seigle remplacé par le froment et viandes riches en vitamine A). Les lésions cutanées (par infection pour la lèpre ou par troubles de la circulation pour l'ergotisme) étaient interprétées comme un avant-goût des peines de l'enfer, acte de punition divine, mais qui permettaient aussi l'expiation des péchés, donc le pardon et l'amour de Dieu.

Parallèlement, des hospices se développent près des monastères sur les chemins de pèlerinage, très fréquentés à l'époque vers Rome, Jérusalem, puis Compostelle et enfin vers toutes les basiliques qui célèbrent le culte d'un saint particulièrement vénéré. Les moines associent leur générosité à des préoccupations thérapeutiques et chaque monastère se dote d'un jardin, dans ou attenant au cloître, où sont cultivées des espèces végétales, parfois rares, dotées de vertus curatives.

Dans cette assistance aux nécessiteux, le rôle des femmes est méconnu, pourtant il n'était pas négligeable au Moyen Âge et bon nombre de femmes exerçaient le métier de médecins ou de chirurgiennes, voire d'enseignantes ou d'autrices. Dans l'école de Salerne en Italie du sud, une femme, Trotula[9] (dont l'existence est mal connue mais dont les écrits ont été traduits) étudie, décrit et soigne les maladies gynécologiques, obstétricales et dermatologiques des femmes. Elle justifie ces travaux par le fait que la pudeur empêche ses congénères de révéler les difficultés de leur maladie à un médecin masculin. Mais, à l'époque de Trotula, une femme de Salerne qui ne choisit pas la voie religieuse est sous tutelle masculine toute sa vie, son père

---

[9] TROTULA DE SALERNE Horacio Mesón, la femme savante de la médecine
https://www.pressenza.com/fr/2022/04/trotula-de-salerne-la-femme-savante-de-la-me-decine/

avant son mariage, son mari ensuite et s'il meurt, la veuve passe sous la tutelle de son fils aîné ; d'où l'importance d'une cosmétique et d'une gynécologie axées sur la sexualité et la fertilité.

Le rôle des laïcs restera minime jusqu'à la fin du XII° siècle. Pourtant, l'église s'émeut de l'intérêt des clercs pour la médecine qui se mettent de plus en plus au service des malades pauvres ou riches. Pour éviter que cette activité de soins se fasse au détriment de leurs fonctions religieuses, la papauté, lors du Concile de Clermont en 1130, limite le rôle des clercs à la palpation du corps et à l'observation des urines (l'un des fondements de la clinique de l'époque) et leur interdit le métier de chirurgien selon l'adage « *ecclesia abhorret a sanguine* », l'église hait le sang (sous-entendu le sang qui coule). L'église déteste faire couler le sang (sauf celui des hérétiques !). Cet adage valorise les vertus de paix promues par l'Église mais exclut aussi les femmes du Sacré quand le sang coule...

Mais le monde du Moyen Âge ne se réduit pas à l'Occident ; les grandes foires médiévales font circuler les denrées et les idées. Les trois principales religions sont monothéistes : judaïsme, christianisme et islam. Elles affirment l'existence d'un Dieu transcendant, unique, omnipotent, omniscient et omniprésent. Le mot « islam » est un mot arabe signifiant : « la soumission et la sujétion aux ordres de Dieu ». La religion juive se fonde sur la croyance en un Dieu maître de la vie sur terre. La souffrance ne découle que de la volonté divine. Cette conception était déjà ancrée dans la civilisation babylonienne dans laquelle le peuple d'Abraham a été maintenu en captivité.

Deux grands médecins et savants orientaux dominent la pensée de l'époque et leurs écrits traduits en latin se répandent en

Occident : Rhazès (IX° siècle) et Avicenne (XI° siècle) réaffirment la nécessité de l'étude médicale et la primauté de l'expérience. Ils rejettent les références magiques et ésotériques, alchimiques (transmutation des métaux) et astrologiques (jugement de Dieu par les astres). Pour Avicenne, l'hygiène et la médecine sont deux pratiques complémentaires. La toilette du corps a pour but d'éliminer tous les déchets. Le temps de sommeil doit être respecté en préférant le sommeil de nuit à la sieste de jour. L'air est l'élément essentiel à la vie ; la respiration permettant à l'air « d'entrer dans le cœur » et de « refroidir le sang » en expulsant les « fumées corporelles ». L'air doit être pur, clair et lumineux, en mouvement plutôt que stagnant, de caractère tempéré.

3.   Naissance des Universités

Le début du XIII° siècle voit la naissance des Universités dans un monde qui bouge. Les Universités (Paris, Montpellier, Oxford, Bologne...) n'échappent pas à l'Église puisqu'elles sont fondées par le seigneur local qui est souvent évêque. Mais les enseignants sont recrutés pour leurs compétences et non pour la conformité de leurs propos à la doctrine catholique. C'est la naissance de la Scolastique qui vise à concilier l'apport de la philosophie grecque (particulièrement l'enseignement d'Aristote) avec la théologie chrétienne. Les enseignements et dialogues entre les maitres et leurs élèves (*disputatio*) sont souvent de pures spéculations intellectuelles mais à cette époque, les grandes universités réputées organisent des études, en médecine et dans d'autres disciplines, échelonnées sur plusieurs années et sanctionnées par des grades successifs (bachelier, licencié, maître et docteur) dans un système long et coûteux pour l'étudiant.

À l'aube de la Renaissance, l'enseignement est intense dans les riches universités mais les médecins ne s'écartent pas des conceptions de l'Antiquité : la maladie est causée par un déséquilibre des quatre humeurs que le médecin doit rétablir. La clinique est pauvre, ne s'intéressant qu'à l'habitus (l'aspect extérieur du corps) du malade, la palpation de son pouls et l'examen de ses urines. Les plantes se multiplient mais sont surtout utilisées dans une logique de similitude (plantes à fleurs jaunes contre l'ictère, bulbes contre l'infertilité masculine...). L'ordre minéral (pierres précieuses, or et mercure) est utilisé pour ses vertus magiques. Des produits empruntés au règne animal vont de la bile aux testicules en passant par l'urine et la fiente. Les recettes sont toujours secrètes et présentées comme une panacée. L'homme est toujours considéré comme un microcosme intégré dans le cosmos et la vision globale de la création à cette époque met en relation chaque viscère, chaque élément de la nature avec un astre. Le médecin est tenu, pendant ses études longues et couteuses, de connaître la physique, c'est-à-dire toutes les branches des sciences de la nature. La magie et la sorcellerie ne sont pas très loin mais l'Inquisition veille...

À côté de ces médecins savants, riches mais inopérants, les barbiers rasent, font des saignées, incisent les abcès, réduisent et immobilisent les fractures. La profession s'organise et établit des niveaux professionnels (du chirurgien-barbier au chirurgien de Haute Robe) mais les universités leur restent fermées. Pourtant, leur savoir progresse et ils sont bientôt capables de suturer les plaies, stopper les hémorragies, extraire les corps étrangers, opérer la cataracte, amputer les membres gangrénés.

L'obstétrique demeure du domaine des matrones, plus ou moins entrainées par des femmes plus âgées. On sait très peu de choses sur d'autres auxiliaires médicaux hormis les clercs (moines et religieuses) dans les monastères et souvent en dehors.

Le savoir médical reste archaïque par méconnaissance de l'anatomie. Si la dissection était interdite dans le droit romain, les religions monothéistes du Moyen Âge la réglemente sans la proscrire. Elle ne deviendra courante qu'à la fin du XV° siècle.

4. La Renaissance et l'essor de l'Humanisme

À la Renaissance, le monde change de conception scientifique et philosophique. La vision de l'homme occidental et l'autorité de l'Église sont remises en question par les travaux de Copernic puis de Galilée, par les progrès technologiques, la découverte de nouveaux continents et de nouvelles civilisations avec de nouvelles religions.

L'invention de l'imprimerie quelques décennies plus tôt intensifie les relations entre les hommes, le monde scientifique redécouvre le grec longtemps mal lu et mal interprété. La scolastique est remise en cause par l'humanisme. Ce nouveau courant de pensée est utilisé à l'origine pour désigner « celui qui cultive les humanités », c'est-à-dire qui reçoit une éducation esthétique, rhétorique, mais également morale et civique qui englobe nos actuelles sciences humaines et sociales. Les penseurs humanistes, sans abjurer leur foi chrétienne, ne conçoivent plus le monde comme création divine mais observent ce monde à partir du rôle que chaque être humain y tient et placent l'être humain au centre de tout. Pour le « Trésor de la langue française informatise » du CNRS[10], le courant philosophique humaniste est « l'attitude philosophique qui tient l'humain pour la valeur suprême et revendique pour chaque humain la possibilité d'épanouir librement son humanité, ses facultés proprement humaines ».

L'artiste de la Renaissance redécouvre l'art antique et modifie la représentation de l'être humain, la nudité masculine et féminine réapparait, l'anatomie devient une nouvelle science explorée avant tout par ces artistes (Vinci, Dürer, Michel-Ange, Vésale), ce qui explique que les planches anatomiques de cette époque sacrifient à l'art, au détriment souvent de la précision scientifique.

Mais le fonctionnement de ce corps est encore mal compris : le souffle vital dont parlent les Anciens, devenu souffle divin au Moyen Âge est toujours de conception très confuse. Comment ce souffle divin circule-t-il ? Quel est le rapport entre l'air qui circule dans les poumons et le sang qui circule dans le cœur ? Le siège de l'âme est-il dans l'un de ces deux organes ?

À la même époque, le développement des grandes villes attire la population rurale espérant trouver des moyens de subsistance. Les pauvres s'amassent dans les faubourgs, la mendicité est partout dans les grandes villes, en particulier à Paris. Le pauvre n'est plus la représentation du Christ mais devient une menace sociale. Le pouvoir royal réagit[11]. En 1551, Henri II crée le Grand Bureau des Pauvres avec pour objectif de faire

---

[10] TLFi : http://atilf.atilf.fr/tlf.htm

[11] SAINTE-FARE-GARNOT, L'Hôpital Général de Paris. Institution d'assistance, de police ou de soins ?

disparaitre la mendicité de la capitale ; aux mendiants valides, on propose du travail, les enfants sont placés en apprentissage, les vieillards et les invalides sont placés en hospice, les délinquants vont en prison. Quelques décennies plus tard, les mendiants sont revenus dans les rues, le pouvoir les contraint à résidence par la création de l'Hôpital des Pauvres-Enfermés (enfermerie) dont fait partie l'hôpital de la Pitié. Une rivalité s'installe entre les deux institutions amenant Louis XIV à créer, en 1656, l'Hôpital Général qui a pour objectif de rassembler les pauvres qui errent dans les rues et se livrent à la mendicité aux portes des églises. Cette nouvelle institution, ancêtre de l'Assistance Publique, comprend entre autres La Pitié, La Salpêtrière et Bicêtre.

Les religieux ne restent pas absents de cette institutionnalisation : deux grandes figures : Vincent de Paul et Louise de Marillac, s'associent pour fonder les « Filles de la Charité », ordre religieux qui se consacre aux soins des pauvres à Bicêtre, La Salpêtrière et La Pitié et des orphelins dans l'œuvre des « Enfants Trouvés ». Louise de Marcillac écrira dans une correspondance avec Vincent de Paul à propos de l'Hôpital Général : « *Si l'œuvre est regardée comme politique, il semble que les hommes la doivent entreprendre. Si elle est considérée comme œuvre de charité, les femmes la peuvent entreprendre en la manière qu'elles ont entrepris les autres grands et pénibles exercices de charité que Dieu a approuvés par la Bénédiction que Sa Bonté y a donnée... »*[12].

---

[12] Manuscrit autographe de Louise de Marillac, n° 112, conservé aux Archives de la Compagnie des Filles de la Chanté, 140, rue du Bac, 75006 Pans

Par l'édit de Saint-Germain du 14 juin 1662[13], Louis XIV ordonne la création d'un hôpital général dans toutes les grandes villes de France, destiné à enfermer les menciants, gueux et autres indigents qui envahissaient les villes à la suite des guerres et des disettes fréquentes dans la deuxième moitié du XVII° siècle (Vieille Charité de Marseille, Hôpital Général de Clermont-Ferrand, Hôpital Saint-Jacques de Besançon...). Le pouvoir entendait distinguer les « bons pauvres » qu'il fallait loger, soigner, instruire, faire travailler, des « mauvais pauvres », sorte de mendiants professionnels asociaux qu'on devait enfermer. En fait, ces établissements se trouvèrent rapidement transformés en institutions vouées à l'accueil de tous les désherités : vieillards indigents, orphelins et enfants abandonnés, infirmes et « insensés ».

À cette époque, les travaux scientifiques sont axés sur le fonctionnement du corps : la physiologie. On ne connaissait guère que la forme de ce corps : l'anatomie enjolivée par l'art de la Renaissance. Les grandes lois de la circulation sanguine par Harvey bouleversent les idées traditionnelles de l'homme. Le sang est distribué dans l'organisme par le cœur et non par le foie, il circule dans les artères qui ne transportent donc pas l'air, et revient au cœur par les veines ; son volume est constant et son mouvement perpétuel. La mise au point du microscope permet de découvrir les tous petits vaisseaux et de différencier la circulation lymphatique de la circulation sanguine. L'équilibre des humeurs que la médecine devrait rétablir en cas de maladie n'a plus de sens puisque ces systèmes sont anatomiquement différents les uns des autres.

---

[13] https://www.techniques-hospitalieres.fr/blog/la-grande-histoire-de-l-hopital-episode-3-n2398

Un nouveau courant philosophique en découle : le matérialisme qui soutient que tout est matière et que tout phénomène résulte d'interactions matérielles. Il s'oppose au dualisme entre le corps et l'esprit et nie l'existence de l'âme pour ne reconnaître que les substances du corps.

Pendant ce temps, de nouvelles épidémies de peste frappent violemment l'Europe. Cette maladie qui parcourt le monde depuis l'antiquité est désormais bien décrite et n'est plus confondue avec d'autres maladies épidémiques comme probablement pendant l'antiquité. Le mot « peste » désigne le fléau, l'outil agricole qui sert à battre les épis, il devient petit à petit synonyme de calamité. Mais son origine infectieuse et sa transmission animale ne sont pas comprises et la croyance populaire veut que la peste soit provoquée par la colère divine. Cependant, sa contagion est devinée et cette maladie sera le point de départ de la santé publique. Les médecins de peste (dit aussi médecin-bec car ils portaient un long masque empli de parfums estimés capable de filtrer l'air de ses « miasmes ») prennent soin des malades isolés dans leur habitation ou dans des infirmeries construites en dehors des villes et surtout enregistrent les décès sous la direction de commissaires (capitaines ou prévôts) de santé. Pour soutenir cette statistique médicale naissante, les villes sont divisées en quartiers et en districts que des responsables de rue inspectent pour tenter de repérer les malades. Ces épidémies sont également à l'origine de l'hygiène urbaine : cimetières transférés à la périphérie des agglomérations, nettoyage des villes facilité par le pavage des rues, enlèvement régulier des ordures...

5. La philosophie des Lumières

Le XVIII° siècle est le siècle des Lumières : c'est la lumière de la Science qui éclaire le monde et non plus la lumière de Dieu. Les érudits sont épris de toutes les nouveautés et se plongent dans la science, parfois avec préciosité. Mais le mouvement philosophique du XVII° siècle cultive les disciplines concrètes et trouve son expression dans l'œuvre de L'Encyclopédie à laquelle de nombreux médecins participent[14]. Mais tant que la science n'explique pas le fonctionnement de la nature, les scientifiques de l'époque ne peuvent imaginer que « l'horloge du monde » selon l'expression de Voltaire[15] ne possède pas un horloger.

Au XVIII° siècle, le mot « expérience » a deux sens peu différenciés : il désigne, d'une part, l'expérimentation c'est-à-dire une méthode qui permet la pratique de ces « expériences » et d'autre part, des hommes « d'expérience » qui, par leurs activités, ont acquis connaissances et pondération. Le développement de « l'expérimentation » par des savants « expérimentés » donne naissance à la physiologie, fruit de cette « expérience ». Deux grands noms sont à citer à cette époque : l'italien Lazzaro Spallanzan (1729-1799) et le français Antoine-Laurent de Lavoisier (1743-1794) ; ils tiennent tous deux une grande place dans le développement de la théorie de l'expérimentation qui élaborera ses grandes règles un siècle plus tard. Le microscope est présent dans tous les laboratoires, Hooke (1635-1703) découvre la cellule en Angleterre, Morgagni (1682-1771) décrit des lésions spécifiques de ces cellules en rapport avec les signes constatés

---

[14] BARROUX G., La médecine de l'encyclopédie, CNRS éditions, 2017

[15] « *L'univers m'embarrasse, et je ne puis songer que cette horloge existe et n'ait point d'horloger.* » Voltaire, Les Cabales 1772)

sur le vivant. Les signes et les lésions sont liés, la punition de Dieu s'éloigne.

Cependant, malgré les progrès des sciences, le monde des praticiens est toujours fracturé : le médecin ne touche pas le corps du malade ; ces gestes sont vulgaires et sont réservés au chirurgien qui, étymologiquement, travaille de ses mains (χειρουργία, [kheirourgía] : travail manuel, opération manuelle). Celui-ci a appris à palper une tumeur, une fracture et même les cavités accessibles du corps humain. Les procédés thérapeutiques restent cependant précaires. La création de l'Académie royale de Chirurgie de Paris par Louis XV en 1731, réhabilite cette profession en lui apportant un enseignement de qualité. Les médecins, jaloux et boudeurs au début, les rejoignent et les deux professions se réunissent bientôt au sein d'une Société Royale de Médecine. Mais les hôpitaux sont encore en retard : soumis à une autorité religieuse ou à une communauté municipale, la place des praticiens est encore imprécise.

Jacques Tenon (1724-1816) est à l'origine d'une enquête[16] faisant état du délabrement des établissements hospitaliers de la capitale où les malades côtoient les prostituées, les infirmes, les mendiants... La vocation du soin à l'hôpital est toujours secondaire sauf dans les hôpitaux militaires, comme dans l'Antiquité.

Alors que la variole sévit partout et fait des victimes à la cour de France, un curieux procédé se développe à Constantinople. Il consiste à inoculer la maladie à un sujet sain à partir du pus prélevé chez un sujet convalescent. Cette « variolisation » sera apportée en Europe par l'épouse de l'ambassadeur britannique à

---

[16] TENON J., Mémoires sur les hôpitaux de Paris, 1788 https://gallica.bnf.fr/ark:/12148/bpt6k6275882s/f88.item

Constantinople[17] et se répand principalement en Europe du Nord. Jenner (1749-1823) découvrira un peu plus tard que les fermiers qui contractent une maladie du pis des vaches, la vaccine, ne sont pas atteints de la variole en période d'épidémie. L'inoculation de cette maladie est à l'origine de la vaccination, première technique médicale de masse qui fera disparaître cette redoutable maladie à la fin du XX° siècle.

Jean-Jacques Rousseau, avec l'*Émile*, met l'éducation des enfants à la mode, les médecins suivent ce mouvement en écrivant les premiers manuels de puériculture et de pathologie infantile. La prévention de la maladie, dont les origines sont toujours aussi mal comprises, est à l origine d'ouvrage sur l'hygiène. L'industrie naissante est réglementée, les égouts sont aménagés dans les villes. Les pouvoirs publics sont désormais responsables de la santé de la population.

Après la période troublée de la Révolution française qui voit disparaitre nombre de sociétés savantes, l'enseignement de la médecine se réorganise sous le Directoire et surtout sous le Premier Empire. Les étudiants sont présents dans les hôpitaux où ils apprennent l'art de l'observation qu'ils rédigent dans un journal quotidien. Ils pratiquent la dissection dans leurs écoles. Tout l'enseignement se fait en français et un seul diplôme permet d'exercer la médecine. Le XIX° siècle est le siècle de l'expérimentation amorcée par Spallanzani et Lavoisier, perfectionnée par Magendie (1783-1855) et surtout par son successeur au Collège de France, Claude Bernard (1813-1878) qui se heurte néanmoins à la religiosité de la société du Second Empire. Par

---

[17] Lady Mary Wortley Montagu voir : La variolisation ou les prémices de la vaccination, La Recherche, https://www.larecherche.fr/sant%C3%A9-vaccins/1-la-variolisation-ou-les-pr%C3%A9mices-de-la-vaccination

prudence, il distingue la physiologie comme « *une science inter-médiaire aux sciences de l'esprit et de la nature* » qui a donc pour objet de les rapprocher.

Claude Bernard fonde le concept de fonction comme le rôle de chaque organe ou tissu dans la physiologie du corps humain. Il imagine et décrit le « milieu intérieur » comme un ensemble physico-chimique régnant dans les vaisseaux et les cellules. Surtout, il pose les bases de la démarche expérimentale qui réclame de décrire le problème à résoudre avant d'établir une hypothèse et de vérifier cette hypothèse par une expérimentation reproductible.

6. La révolution scientifique

Avec le XIX° siècle, la santé publique poursuit sa progression, en particulier avec l'alimentation des villes en eau potable. La nutrition s'améliore considérablement par le développement de la culture de la pomme de terre et du maïs, importée des Amériques quelques siècles plus tôt. L'Académie de Médecine est créée en 1820 sous la Restauration à l'initiative d'Antoine Portal (1742-1832). Elle regroupe pour la première fois des médecins et chirurgiens ainsi que des chimistes et des physiciens dont les travaux concourent à améliorer la santé de l'homme. Louis Pasteur (1822-1895), chimiste et physicien, commence ses travaux dans le domaine agroalimentaire en s'intéressant aux levures responsables de la fermentation. La découverte du monde des microbes et leur présence dans l'air ambiant mettent un terme à la théorie de la génération spontanée et de la fumeuse théorie des miasmes qui prétend que la matière en décomposition produit des vapeurs de substances inertes qui se répandent dans l'air et sont à l'origine des maladies et des épidémies. L'idée de la contagion par des micro-organismes vivants se propage, on voit des microbes partout qui sont responsables de tous les maux, infections, rhumatismes, tumeurs, et même la folie...

L'utilisation du microscope et l'amélioration de ses performances entraînent des progrès rapides des connaissances : de nombreux microbes sont identifiés, le rôle des insectes vecteurs est découvert. L'histologie et l'anatomie pathologique, sous l'influence de Virchow (1821-1902) montrent que les « fonctions des organes » de Claude Bernard se trouvent dans l'intimité de chaque cellule et que l'atteinte pathologique d'une cellule peut engendrer une maladie de l'organisme. Le prélèvement de cellules malades et son examen microscopique peuvent diagnostiquer une maladie et orienter son traitement. La biopsie d'un tissu vivant s'oppose à la nécropsie pratiquée sur un cadavre.

La chimie et la physique explorent les fonctions de l'organisme ; les rayons X (Röntgen 1895) dévoilent l'intérieur du corps humain de son vivant de façon non invasive. L'anesthésie permet aux chirurgiens d'opérer sans douleur mais la période postopératoire est toujours grevée d'accidents infectieux qui emportent beaucoup de malades. La mortalité postopératoire diminuera avec l'utilisation des désinfectants pour nettoyer le matériel, les mains du chirurgien et la peau du site opératoire et pour traiter les plaies qui suppurent. À l'heure où la tuberculose, le choléra, la syphilis, les fièvres puerpérales font des ravages, la découverte des sulfamides et de la pénicilline par des hasards d'expériences permettent, après la Seconde Guerre Mondiale, d'augmenter rapidement et considérablement l'espérance de vie. Toutes les découvertes contemporaines : génétique, électronique et informatique, endoscopie, imagerie et bien d'autres réalisent une véritable explosion des connaissances et des compétences de la médecine, associée depuis quelques décennies à la mondialisation des connaissances par les nouvelles techniques de communication.

7. Où est le malade dans tout cela ?

Cette explosion des sciences et techniques s'accompagne nécessairement d'une nécessaire évolution de la façon de penser l'organisation de la santé et de considérer le soin. La médecine s'éloigne des discours philosophiques. Selon Balzac[18], « *la maladie n'est pas dans les livres, elle est dans le malade* ». Elle repose sur des expérimentations scientifiques de plus en plus pointues avec un vocabulaire de plus en plus spécialisé donc difficilement compréhensible par tous. Le malade est inspecté, palpé, ausculté, radiographié, son sang est analysé, des tissus sont biopsiés. Bientôt, l'intérieur de son corps est scanné, inspecté par des systèmes optiques introduits dans son corps. Tous ces diagnostics conduisent à une démarche thérapeutique : pharmacologique avec des médicaments de plus en plus ciblés et puissants mais pas toujours bien tolérés, chirurgicale avec des techniques de plus en plus périlleuses nécessitant un matériel de réanimation de plus en plus invasif, biophysique en manipulant des radiations ionisantes pour détruire des tissus malades et parfois les tissus sains qui l'entourent. La médecine triomphe

---

[18] BALZAC H., Le contrat de mariage, éditions Calmann-Lévy, p.13, 1895

de plus en plus de maladies, mais où est le malade dans tout cela ?

Cette question éthique a accompagné l'histoire de la médecine depuis l'antiquité mais elle s'est compliquée avec le progrès. Il n'est donc pas étonnant que de nouvelles questions se posent au XIX° siècle, en particulier dans sa seconde moitié avec la révolution industrielle. Certes, les médecins, en immense majorité masculins, ont le souci de construire des liens avec leurs patients, de les considérer comme des interlocuteurs. Mais cette « relation médecin-malade » participe surtout à l'élaboration du diagnostic et peu au souci du vécu de la maladie, de son investigation et de son traitement par le patient (qui étymologiquement souffre, certes, mais supporte, tolère...). L'État, à partir de la Troisième République et jusqu'à nos jours, ne cesse de développer des actions de solidarité nationale, permettant à tous, petit à petit, un accès aux soins et une protection de la santé. Mais des soins adaptés et performants, accessibles et très souvent gratuits, s'ils sont souvent suffisants pour traiter la maladie, n'évitent pas pour autant la souffrance. Le soin ne suffit pas, il faut aussi prendre soin.

8. La place des femmes dans le soin et dans la société

Il faut revenir un peu en arrière pour comprendre comment la notion de « prendre soin » a évolué grâce, principalement, aux femmes. Dans la société du XIX° siècle, ce que l'on appelle aujourd'hui les professionnels de santé étaient médecins au masculin et infirmières au féminin, cette représentation a largement envahi le XX° siècle. La réputation des infirmières était souvent mauvaise, leur dénomination était d'ailleurs péjorative : les « enfermières » étaient employées au Moyen Âge dans les « enfermeries » où l'on enfermait les nécessiteux. Plus tard, ces derniers furent dénommés « infirmes » quand ils étaient incurables. Même si les congrégations religieuses ont tenté d'organiser la profession, les infirmières étaient considérées au début du XIX° siècle comme des personnes médiocres, sans compétences, déplacées de leur monde rural vers la ville, évoluant dans un monde masculin, considérées par conséquent de vertu légère, facilement séduites par les jeunes médecins. Les rares infirmiers avaient, quant à eux, une réputation de brutalité[19].

Un grand nom apparait alors, celui de Florence Nightingale[20], issue de la haute bourgeoisie britannique du milieu du XIX° siècle. Comme toute jeune femme de son époque et de son milieu, son destin était d'épouser un homme fortuné, mais elle souhaitait devenir infirmière et après plusieurs voyages en Europe qui lui permirent de visiter des hôpitaux, elle s'exila en Allemagne pour suivre des études, puis revint dans son pays pour y exercer des postes à responsabilité dans des centres de soins. La guerre de Crimée est alors engagée, les soldats français et britanniques appelés à combattre contre l'armée russe meurent en nombre, non pas de leurs blessures mais du choléra, du typhus, de la fièvre typhoïde. La mauvaise organisation du transport des malades et la mauvaise organisation des hôpitaux militaires sont relatées par les correspondants de presse. Elle part en Turquie avec quelques dizaines de collègues infirmières et

---

[19] GEADAH R.R., Aspects historique et éthique des relations entre professionnels de santé et patients, Recherches en soins infirmiers, 2012/2, 2017
[20] RIZZO J. Florence Nightingale, l'infirmière qui a révolutionné l'hôpital

constate la précarité de l'hygiène de l'hôpital qu'elle parviendra difficilement à améliorer. De retour dans son pays, elle ne cessera de faire évoluer l'hygiène collective dans les établissements hospitaliers. Mais à côté de ce souci d'améliorer les conditions de vie dans les hôpitaux militaires et civils, Florence Nightingale demeure « la dame à la lampe »[21], comme l'appelaient les malades hospitalisés et comme la représente l'imagerie de l'époque, une lampe à pétrole à la main, parcourant de nuit les salles de l'hôpital pour veiller sur ses malades.

Anna Hamilton[22], d'origine anglaise, s'installe dans le sud de la France et débute des études de médecine à la suite de la lecture des écrits de Florence Nightingale. Elle soutient une thèse en 1900 sur la vie hospitalière et les pratiques soignantes qui bouleverse le rapport hiérarchique entre les hommes et les femmes dans les établissements de soins. Elle rejoindra puis dirigera la Maison de santé protestante de Bordeaux où elle réorganise l'hygiène et développe une école de soignants (appelés encore nurses ou garde-malades). Son idée, anglo-saxonne et protestante, est de créer des professions indépendantes de la médecine pour prendre soin des malades, tant à l'hôpital que lors du retour à domicile (infirmières visiteuses)

La vision de la profession d'infirmières d'Anna Hamilton sera suppléée par celle de Léonie Chaptal[23]. Issue d'une riche famille catholique française, elle consacre sa vie aux soins et obtient un diplôme de secours aux blessés militaires de la Croix-Rouge. Désireuse de parfaire ses connaissances, elle comprend vite la

---

[21] SINOUÉ G., La Dame à la lampe, une vie de Florence Nightingale, Ed. Gallimard, 2009

[22] DIEBOLT E., Anna Hamilton, l'excellence des soins infirmiers, Recherches en soins infirmiers, n°131, 2017

[23] DIEBOLT E., Léonie Chaptal (1873-1937), architecte de la profession infirmière

médiocrité de la formation du personnel soignant de l'assistance publique. À l'instar d'Anna Hamilton, elle crée en 1905 une « Maison-école d'infirmières » et milite pour une réglementation nationale régulant l'exercice de la profession de l'infirmière. Elle n'y parviendra que partiellement, la place de la femme dans la société française d'entre-deux-guerres est loin d'être aboutie. Néanmoins, un diplôme d'infirmières hospitalières et un autre diplôme d'infirmières visiteuses (service d'hygiène sociale) sont créés et l'enseignement est confié à des écoles privées. Mais il n'existe pas encore de diplôme d'état qui ne sera créé qu'en 1937 et ne cessera d'évoluer pour entrer en 2009 dans le système européen « licence-master-doctorat ». Celui de kinésithérapeute apparait en 1946, les premières écoles d'ergothérapie ouvrent en 1954 mais le diplôme d'état n'apparait qu'en 1970, le certificat de capacité en rééducation psychomotrice en 1963.

Ainsi, le soin s'organise dans les services hospitaliers et les services de soins à domicile grâce principalement à l'œuvre de femmes dévouées et courageuses dont ces trois exemples sont sans doute accompagnés de beaucoup d'autres. Ce soin concerne surtout à cette époque l'hygiène, les hommes se réservant le rôle de soigner les maladies.

L'évolution du système de la scolarité pendant le XIX° siècle l'explique par différents repères. Si la Révolution française propose un enseignement laïc pour garçons et filles, la première loi n'intervient que quarante ans plus tard sous la Monarchie de Juillet : la loi « Guizot » de 1833 oblige chaque commune de plus de 500 habitants à se doter d'une école pour l'enseignement des garçons. Il faut attendre les dernières années du Second Empire pour que la loi « Duruy » de 1867 oblige ces communes à avoir une école de filles et à rendre l'enseignement des enfants gratuits. Ce principe de gratuité de l'enseignement primaire promulgué par Jules Ferry sous la III° République (1881) rend l'école obligatoire pour les enfants de 6 à 13 ans[24].

Il n'est pas étonnant, dans ces circonstances, qu'à la fin du XIX° siècle, peu de femmes entrent dans la vie universitaire, il leur faut déjà passer leur baccalauréat. La situation est identique dans les autres pays européens ; la première femme qui obtient le grade universitaire de docteur en médecine est Nadedja Souslova, de nationalité russe, en 1866 à Zurich. La faculté de médecine de Paris ouvre alors l'enseignement aux femmes. La première française à s'y inscrire et à y obtenir son diplôme en 1875 est Madeleine Brès, après Elisabeth Garettt, anglaise, en 1870 et Mary Putnam, américaine, en 1871[25].

De nombreux professeurs d'université pensent encore que la médecine n'est pas une profession pour les femmes. Certains, comme Charcot, prennent le prétexte de la nature de la femme : leur force physique ne leur permet pas de porter un malade, les périodes menstruelles empêchent la permanence des soins, leur « sensibilité naturelle » fait de la femme un être qui ne peut supporter la vue d'un corps malade et sale... Ces représentations machistes et la peur de la concurrence féminine dès l'université et encore plus dans les hôpitaux, découragent sans doute de nombreuses jeunes femmes à suivre leur vocation : la thèse de doctorat en médecine de Caroline Schultze[26] indique qu'en 1887-1888, 114 femmes étaient inscrites dans cette discipline à

---

[24] Infographie Jules Ferry rend l'enseignement primaire obligatoire https://www.gouvernement.fr/partage/10037-jules-ferry-rendait-l-enseignement-primaire-obligatoire
[25] PIGEARD-MICAULT N., Histoire de l'entrée des femmes en médecine
[26] SCHULTZE C., Femme-médecin au XIX° siècle, 1888 - https://archive.org/stream/BIUSante_TPAR1888x049/BIUSante_TPAR1888x049_djvu.txt

l'Université de Paris, mais seulement douze d'entre-elles étaient françaises.

9. Des soins palliatifs à l'éthique du care

L'empire masculin sur la profession médicale durera encore longtemps puisque la féminisation progressive de ce métier n'apparait que dans les années soixante-dix[27]. C'est à cette époque que naissent les soins palliatifs grâce à une Britannique, Cicely Saunders (1918, 2005)[28]. D'abord engagée dans des études d'infirmière lors de la Seconde Guerre Mondiale, elle devient travailleuse sociale de santé publique en raison de problèmes de santé. C'est dans cette fonction qu'elle rencontre un homme en phase terminale d'un cancer qui lui confie sa détresse physique et morale. Elle s'engage quelques années plus tard dans les études de médecine à Londres et s'intéresse, dès l'obtention de son diplôme, au traitement et au contrôle de la douleur dans les maladies terminales. Si les avancées de la médecine permettent le traitement de maladies jusque-là jugées incurables, les médecins ne se rendent pas compte que les soins qu'ils dispensent détériorent la relation avec leur patient. La maladie est soignée, le patient et sa qualité de vie sont au second plan. Le but est de guérir. En cas d'échec, le patient n'est plus du recours de la médecine.

---

[27] LAPEYRE N., LE FEUVRE N., Féminisation du corps médical et dynamiques professionnelles dans le champ de la santé
[28] LAMAU M.L., Cicely Saunders à la naissance des soins palliatifs

Les travaux de Saunders reposent sur une vision globale du malade et une préoccupation constante de l'ensemble des symptômes de sa maladie, qu'ils soient physiques ou psychiques, qu'ils soient liés à la maladie ou liés aux traitements, que la maladie soit curable ou non. La création du St Christopher's Hospice, en 1967, couronne l'œuvre de Saunders. Sa conception architecturale avec une grande ouverture sur la nature londonienne ; son accès à la famille, en particulier aux enfants sans oublier les animaux domestiques et son intérieur fleuri s'éloignent des habituels couloirs interminables des hôpitaux européens, à leur décoration monotone, leurs odeurs d'alcool et d'éther. Saunders créera dès 1969 un service d'hospitalisation à domicile pour permettre aux patients, chaque fois que cela est possible, de mourir chez eux entourés de leurs proches. Au St Christopher's Hospice, puis au Royal Victoria Hospital de Montréal, 'accent est mis sur la formation des équipes soignantes, non seulement à l'étude du traitement et du contrôle de la douleur mais aussi à l'écoute du patient : « Nous sommes concernés par des personnes et nous le sommes en tant que personnes »[29], il ne s agit pas de ce qu'on dit au patient mais de ce qu'on lui laisse c re. En outre, il faut aussi accompagner la famille et les proches dans leur travail de deui . Il faut encore, pour permettre aux soignants de mettre en œuvre leurs valeurs humaines, les former et les soutenir tout au long de leur carrière.

---

[29] SAUNDERS C., « A therapeutic Community: St Christoher's Hospice », in Schoenberg B et al., psychological aspects of terminal care. New York, Columbia University Presse, p.275-289, 1972

La fin du XX° siècle avec Carol Gilligan[30] et le début du XXI° avec Joan Tronto[31] voient naître « l'éthique du care ». Cette dernière, philosophe féministe et politologue définit le care comme une « activité caractéristique de l'espèce humaine, qui recouvre tout ce que nous faisons dans le but de maintenir, de perpétuer et de réparer notre monde, pour que nous puissions y vivre aussi bien que possible. Ce monde comprend nos corps, nos personnes et notre environnement, tout ce que nous cherchons à relier en un réseau complexe en soutien à la vie »[32].

Le care associe la notion de soin : une activité, une pratique et celle de sollicitude : une disposition, une aptitude. Cette sollicitude implique de tendre vers quelque chose d'autre que soi et induit une forme d'engagement qui nous conduit implicitement à entreprendre une action.

Selon Joan Tronto, le care se définit selon quatre aspects :
Le *care about* (se soucier de) : l'attention portée au monde, à autrui, nous fait constater qu'un besoin existe, qu'il est impératif d'y répondre et qu'il est possible de le faire. Cette attention doit être pensée dans la réciprocité : autrui a besoin de soin comme j'ai besoin qu'on prenne soin de moi ; j'ai besoin d'autrui comme autrui a besoin de moi.
Le *taking care of* (prendre en charge) : la responsabilité, entendue comme une forme d'efficacité, nous conduit à répondre au besoin d'autrui lorsqu'on a la certitude que notre réponse portera ses fruits.

---

[30] GILLIGAN C. Une voix différente, pour une éthique du care, Champs essais Flammarion 2008
[31] TRONTO J., Un monde vulnérable, pour une politique du care, La Découverte 2009
[32] in ZIELINSKI A., L'éthique du care p.632

Le *care giv ng* (prendre soin proprement dit) : la compétence permet la rencontre directe avec autrui à travers son besoin en mettant à sa disposition son savoir-faire et son savoir-être.

Enfin, le *care receiveing* (recevoir le soin) : la capacité de réponse analyse comment celui qui reçoit le soin réagit à celui-ci.

Dans l'h stoire du soin et des soignants, comme dans tous les domaines de l'Histoire, l'évolution n'est pas linéaire. Longtemps, médecine, philosophie et religion se sont mêlées dans la pensée des savants, mettant en avant des valeurs humaines tout en créant des concurrences stériles.

Tant que la science n'a pas permis de comprendre le corps humain, la magie a pris le dessus. Mais parallèlement, les progrès gigantesques de la révolution scientifique ont mis l'humain au second plan. À une époque pas si lointaine, le médecin, en majorité des hommes, soignait la maladie et lorsque celle-ci était considérée comme incurable, le patient était abandonné aux collaborateurs du médecin, en majorité des femmes. Ce n'est pas étonnant si ce sont les femmes qui nous ont appris le *prendre soin*.

La « santé » n'est-elle pas l'harmonie de toutes les fonctions de l'être humain : physiques, psychiques et sociales ? Le *prendre soin* devrait alors se penser dans un « système de santé » dans lequel chacun aspire et collabore à une harmon e des fonctions professionnelles qui se veulent complémentaires et transdisciplinaires.

II. Le Prendre soin auprès de la personne en situation de handicap sévère
Concetta Pagano, dialogue avec Andreas Fröhlich

> *« La vie est une succession ininterrompue*
> *de contraires qui mettent l'un l'autre en valeur.*
> *La maladie fait apprécier la santé, la guerre fait apprécier la paix,*
> *la stupidité des uns fait apprécier la sagesse des autres. »[33]*
> Charles Gardou

1. La stimulation basale : une approche humaniste

Je suis heureuse de remercier Thérèse Mus telli, formatrice suisse et Andreas Fröhlich, auteur de la stimulation basale. Leur enseignement a été d'une grande richesse. Leur contact régulier et leur collaboration depuis de nombreuses années demeurent pour moi une invitation et une incitation permanentes à la réflexion et au questionnement. Leur amitié, leur simplicité et leur soutien sont pour moi très précieux dans mon exercice de formatrice et dans mes divers écrits. Si je devais définir la

---

[33] GARDOU C., Parents d'enfant handicapé, éditions Erès, p.11, 2012

stimulation basale, je dirais qu'il y a de multiples façons de l'expliquer. Il est difficile d'en donner une seule et unique définition. C'est certainement ce qui fait toute sa richesse. Elle revêt un champ très large de connaissances dans différents domaines (la sensorialité, le neurodéveloppement, les neurosciences, la neurologie, la pédagogie, la psychologie, la communication, la systémique). Nous pourrions dire que la stimulation basale est un puzzle composé de multiples pièces de différentes tailles et couleurs. Chacune de ces pièces (les domaines) s'imbrique pour former un tout cohérent et compréhensible (une approche globale), à la fois théorique (le savoir), pragmatique (le savoir-faire) et humaniste (le savoir-être) au service des accompagnants, des personnes en situation de handicap sévère et de leurs parents. Quelle que soit la définition, l'essence même de la stimulation basale telle que l'a pensée Andreas Fröhlich est la considération positive de la personne. À travers une série de questions-réponses, l'auteur nous livre ses ressentis, ses réflexions et ses convictions sur l'histoire, l'évolution et la compréhension de son concept.

Dès 1972, Andreas Fröhlich a travaillé avec des enfants polyhandicapés dans un centre de réhabilitation de la région de Westpfalz où il a développé l'approche de la stimulation basale, qu'il a approfondie de manière scientifique et élargie sur le plan théorique au cours des années suivantes. Après avoir soutenu une thèse de doctorat en psychologie à l'université de Cologne, dans le domaine de la pédagogie spécialisée, Il a enseigné la pédagogie du handicap mental à l'université pédagogique de Heidelberg, puis a travaillé en tant que professeur de pédagogie spécialisée à l'université de Koblenz-Landau.

En introduction, voici deux définitions (parmi tant d'autres) de l'approche :

« La stimulation basale est une approche humaniste et psycho-pédagogique qui tient compte des besoins fondamentaux et spécifiques des personnes en situation de handicap sévère. Elle invite à la rencontre de ces personnes restreintes dans leurs capacités de perception, de mouvement et de communication au quotidien »[34].

En 1998, Andreas Fröhlich la définissait ainsi : « La stimulation basale n'est ni une méthode, ni une technique. Elle se veut être un concept. c'est-à-dire une approche réfléchie des problèmes et des difficultés de personnes très dépendantes. Ce concept signifie qu'il ne s'agit pas d'une thérapie définitivement formulée et établie mais de réflexions fondamentales et essentielles qu'il convient toujours de reconsidérer et de réadapter. Au centre du concept, se trouve l'homme dans sa réalité physique, qui nous ouvre à une approche personnelle alors que l'intelligence et toutes les voies de communication semblent déficientes » [35].

Concetta Pagano : Cher Andreas, peux-tu expliquer comment tu as choisi le terme « stimulation basale » ? En France, ce terme est peu explicite pour les personnes qui le découvrent la première fois.

Andreas Fröhlich : J'ai choisi le latin, la langue traditionnelle de la science, pour que e terme « stimulation basale » soit compréhensible de manière interdisciplinaire et internationale. Je devais trouver un nouveau nom. C'était un terme qui n'existait pas auparavant en pédagogie, en psychologie ou en médecine. J'ai

---

[34] PAGANO C., La stimulation basale, c'est quoi ? p.9, CoolLibri, 2022
[35] FROHLICH A., La stimulation basale, Le concept, 1998, éditions SZH, p.12, 1998

choisi un terme « artificiel » qui met l'accent sur deux contenus très importants. Le mot « basale » signifie qu'il n'y a aucune condition préalable pour l'enfant, exister suffit. La stimulation basale pourrait alors être décrite comme la systématisation de ce qui va de soi et de ce qui est naturel. Le mot « stimulation » quant à lui signifie que nos propositions sont adaptées, nous soutenons le développement.

C.P : Aujourd'hui choisirais-tu le même terme ?

A.F : J'ai envisagé à un moment de changer le nom mais ce n'était plus possible, l'approche était déjà connue et diffusée. Peut-être qu'aujourd'hui, je choisirais « Basale Entwicklungsförderung ». Mais c'est difficile à traduire, il n'y a pas de mots équivalents en français ou en anglais. Le mot le plus proche serait « promouvoir ». D'autres mots pourraient également convenir : soutenir, encourager, développer, cheminer. Nous pourrions traduire : « soutenir le développement basal » des personnes.

C.P : En France, nous utilisons de plus en plus le terme approche basale dans le langage oral et écrit. Ce terme plus général a l'avantage d'englober toutes les notions que tu évoques comme la promotion, le soutien, l'encouragement, le cheminement. Il met également l'accent sur l'importance de considérer la stimulation basale comme une approche et non comme une méthode.

A.F : C'est en effet un bon compromis. *L'approche basale*, cela se prononce bien, c'est clair et significatif. Je pense que le mot « approche » en français est plus large et ouvert que notre mot allemand « Ansatz ».

C.P : Qu'évoque pour toi le mot humanité ? Peut-on dire que la stimulation basale est une approche humaniste ?

A.F : Il est certain que la stimulation basale est une approche humaniste. L'individu est au centre des réflexions théoriques et du travail pratique. Il ne s'agit pas d'un concept qui impose des attentes définies aux personnes mais d'une approche qui fait de l'être humain, avec sa singularité, ses forces et ses faiblesses, le point du départ du travail. Les auteurs de la psychologie humaniste m'ont influencé et par conséquent, l'approche aussi.

C.P : Peux-tu citer quelques auteurs qui t'ont influencé ?

A.F : Victor Frankl (1905-1997) et Karl Jaspers (1883-1969) sont les deux personnes qui m'ont le plus influencé.

Victor Frankl était médecin psychiatre et philosophe. Il a fondé la logothérapie qui décrit la recherche de sens comme force centrale de la motivation humaine. Il s'inscrit dans e courant de la psychologie existentielle et humaniste. Il est l'auteur d'un livre intitulé « L'homme à la recherche de sens » qui relate sa propre expérience comme prisonnier dans un camp de concentration pendant la Seconde Guerre mondiale, il décrit sa méthode psychothérapeutique qui permettait d'identifier un objectif dans la vie d'une personne par l'achèvement de tâches, par prendre soin d'une autre personne et par trouver un sens en affrontant la souffrance avec dignité.

Karl Jaspers était également médecin psychiatre et philosophe. Mon père le connaissait car ils ont travaillé dans le même hôpital universitaire à Heidelberg. Philosophe de renommée, Karl Jaspers s'inscrit également dans le courant existentialiste chrétien et humaniste. Ses travaux étaient essentiellement centrés sur le sens de l'être (Sein) et de l'existence (Dasein).

Frankl et Jaspers sont tous les deux un « héritage » de mon père.

C.P : Merci Andreas. L'influence de ces deux personnes, de leurs remarquables engagements et travaux, me permettent de mieux cerner la philosophie de la stimulation basale dans cette quête de sens de la personne en situation de handicap sévère et de son existence, notamment à travers les thèmes essentiels. Le choix du terme « stimulation basale » prend également tout son sens et s'inscrit selon moi dans ce courant existentialiste et humaniste. En tant que pédagogue, comment expliques-tu qu'en Allemagne, la stimulation basale soit plus présente dans les soins que dans la pédagogie.

A.F : Je vois les choses différemment. Dès le début, en 1976, nous avons essayé, mon équipe et moi, de partager nos connaissances concernant le soutien du développement des enfants sévèrement polyhandicapés avec d'autres collègues et collaborateurs. Comme notre travail était tout nouveau à l'époque, de nombreux professionnels nous suivaient avec beaucoup d'intérêt et ont repris des aspects théoriques et pratiques dans leur propre travail. Nous faisions des séminaires et des conférences pour encourager cette nouvelle manière de travailler auprès des enfants polyhandicapés. À cette époque, d'autres personnes cherchaient de nouvelles approches : Snoezelen, Gestalt-thérapie, l'Intégration Sensorielle, la psychomotricité, etc. On commençait à se distinguer les uns des autres, une sorte de concurrence émergeait et certains commençaient à se coller un « label ».

Pour nous, les deux aspects : basal et sans pré-requis étaient irremplaçables. L'enfant pouvait ne savoir rien faire ! Nous avions, malgré tout, des offres à lui proposer. Nous avons insisté sur ces deux aspects et nous ne voulions pas que la stimulation basale devienne « une marque ». Mon idée a toujours été d'intégrer toutes les connaissances, les découvertes, les aides pratiques, le matériel thérapeutique, etc. dans l'accompagnement des personnes sévèrement handicapées. Celles-ci n'avaient pas besoin d'une « marque » mais de stimulation et d'un accompagnement de qualité et différencié. Aujourd'hui, en Allemagne, on trouve de nombreux éléments issus de différentes approches dans les institutions, dans le soutien précoce, dans les jardins d'enfants et à l'école spécialisée pour les enfants polyhancicapés. Les programmes scolaires ont également intégré « l'apprentissage basal ».

L'approche s'est développée dans les soins. Il fallait une marque protégée, comme les médicaments ou les thérapies. Ce nouveau « concept de soins » devait donc avoir aussi son nom. C'est ainsi que le « label » s'est développé dans les soins mais pas dans la pédagogie. Mais je suis satisfait de l'évolution car la pédagogie ne se prescrit pas sur ordonnance, elle n'a pas besoin d'une « marque ». La stimulation basale a besoin d'idées, d'une bonne formation, de connaissances mais surtout d'engagement et d'amour pour les enfants ! Cependant, je suis peu satisfait qu'il n'y ait pas de formation aujourd'hui pour les jeunes collègues et pédagogues allemands. Ils ont rarement la possibilité d'apprendre et de connaitre la stimulation basale en profondeur. Dans ce domaine, la France est bien plus active !

C.P : Si nous revenons aux années 70, cette question concerne ton postulat sur les perceptions de base et la vie intra-utérine. Comment as-tu développé cette réflexion autour de la sensorialité du fœtus alors qu'on savait encore peu de chose sur la vie intra-utérine ? Et comment as-tu développé l'approche en néonatologie ?

A.F : Chère Concetta, répondre à ta question n'est pas facile. J'ai dû beaucoup réfléchir et chercher comment cela se passait à l'époque. Vers 1975, mes collègues et moi, nous nous posions une question essentielle : quelles capacités développent les enfants pendant la période intra-utérine ? Nous savions que la naissance n'était pas le début du développement mais après la naissance, sur quelles capacités pouvions-nous nous appuyer ?

La plupart des enfants qui sont ensuite devenus gravement handicapés ont connu une naissance très risquée et difficile. Le manque d'oxygène et les hémorragies étaient les causes les plus souvent citées. Nous pensions qu'un développement plus ou moins « normal » avait eu lieu jusqu'au début de la phase périnatale. Plus tard, l'amélioration de l'embryologie et de la médecine fœtale nous a appris que les troubles étaient bien plus nombreux, bien plus précoces et complexes que ce que l'on pensait. À cette époque, il y avait très peu de publications qui traitaient systématiquement de la phase très précoce de la vie. Un livre datant de 1961 nous a aidés (Peiper A., Die Eigenart der kindlichen Hirntätigkeit, Leipzig) mais il datait déjà de 15 ans et les travaux scientifiques à ce sujet étaient encore plus anciens. Nous avions trouvé très peu de choses à ce moment-là.

Il faut aussi penser à la difficulté de trouver des résultats de recherche. Il fallait se rendre dans une bibliothèque universitaire qui travaillait dans ce domaine, ou du moins qui possédait des ouvrages spécialisés sur le sujet. À l'époque, il y avait le « catalogue », c'est-à-dire de longues rangées de tiroirs dans lesquelles étaient inscrites des données bibliographiques sur des fiches. Si on avait de la chance, il y avait un « catalogue de mots-clés » dans lequel on pouvait trouver, par exemple, le développement prénatal. Ensuite, il fallait feuilleter les livres, le plus souvent les revues elles-mêmes, une par une, et voir si l'on y trouvait quelque chose. Pour mon mémoire de fin d'études, j'ai passé des semaines a la bibliothèque, à chercher simplement, livre après livre, cahier après cahier. Aujourd'hui, l'ordinateur peut le faire en quelques minutes...

Donc la situation de départ était difficile. On dependait de nos collègues médecins et aussi des psychologues pour avoir des informations pertinentes. Mais, c'est très important de savoir que cette période précoce de l'enfant intéressait très peu de monde. Dix ans plus tard, c'était différent, il y avait presque un « boom ». Revenons à 1975, comme tu l'écris toi-même, le diagnostic par ultrasons ('échographie) que nous connaissons aujourd'hui n'existait pas encore. Cette technique était à l'origine une technique de localisation des sous-marins pendant la guerre ! Ainsi, les premières réflexions sur la période prénatale sont plutôt venues de psychanalystes qui ont tenté d'étendre l'enfance à la période prénatale. Chez nous, il s'agissait notamment de Hans Gustav Graber, 1973.

Lennart Nielsen, photographe suédois, a fait sensation très tôt avec ses photos intra-utérines et a montré des mouvements coordonnés et contrôlés de fœtus dans ce monde clos. Nous savons aujourd'hui que la majorité de ces photos ont été obtenues de manière douteuse et discutable (des photos d'enfants encore vivants après un avortement ou des fœtus morts utilisés comme sujets photographiques).

Mais les premiers essais avec les ultrasons ont permis de détecter au moins des mouvements grossiers. On pouvait en tirer des conclusions sur la capacité de réaction du fœtus. Des « expériences » ont pu être réalisées : comment un enfant réagit-il au son qui agit de l'extérieur sur le ventre de sa mère ? Avec les observations des mères elles-mêmes, cela donnait déjà quelques indications importantes sur les capacités de l'enfant à naître. On utilisait aussi la fœtoscopie, c'est-à-dire qu'on observait les mouvements ou le comportement de l'enfant à travers un système optique introduit dans l'utérus. Il y avait aussi des photos qui nous paraissent aujourd'hui très imprécises. Mais on pouvait par exemple observer un mouvement avec la main vers la bouche. Des chercheurs japonais ont placé des haut-parleurs minuscules par sonde dans l'utérus, proche du fœtus, afin de tester ses réactions aux stimuli acoustiques. Des stimuli gustatifs (sucrés, salés, amers) ont également été mélangés au liquide amniotique de la mère et la réaction du fœtus a été observée. Bien entendu, les témoignages des mères ont toujours été une source d'information importante.

L'éthique de la recherche était alors à peine développée. On ne parlait pas de la manière dont on persuadait les mères d'accepter ces formes de recherche. Les a-t-on seulement informées ou a-t-on déclaré tout cela comme une mesure médicalement nécessaire ? Je me souviens qu'à cette époque, on pouvait recruter pour d'autres recherches médicales, des personnes qui étaient pauvres et ignorantes, on leur versait de l'argent pour qu'elles acceptent de se soumettre à des examens douteux.
C'est une sombre période de notre histoire.

J'élargis le cercle : nous savons aujourd'hui que la recherche sur le cerveau des années 60 et 70 (dans le monde entier) s'est également basée sur les expériences menées par les médecins nazis dans les camps de concentration. Leurs résultats scientifiques ont été utilisés. On s'est appuyé sur eux et on a poursuivi les recherches. L'origine de ces résultats n'a pas été remise en question.
Peut-on continuer à utiliser des connaissances qui ont été produites dans des conditions contraires à l'éthique, voire criminelles ?

Cette question reste un nuage sombre au-dessus de la science de ces années.

Pour nous, il était très réjouissant de voir comment, à la fin des années 1970, le développement prénatal était de plus en plus souvent pris en compte. De plus en plus d'articles, puis des livres sont parus dans les années 1980 dont le livre de Marie-Claire Busnel et Etienne Herbinet intitulé *L'aube des sens (1981)*. Tous ces articles et ces livres montraient la richesse du développement précoce.

Mais là encore, des contradictions n'ont pas pu être résolues : plus la vie humaine précoce était considérée comme compétente et différenciée, plus il devenait difficile de justifier le slogan « mon ventre m'appartient ». Dans notre travail, nous nous trouvons toujours dans des champs de tensions éthiques.

Pour ma part, je reste fasciné par l'émergence d'un nouveau monde qui se déroule en neuf mois : les évolutions qui se produisent, les capacités qui apparaissent, l'individualité précoce, l'échange et la communication avec la mère. J'aimerais que nous prenions cette période beaucoup plus au sérieux pour les enfants et leurs mères, car elle est tout simplement unique.

Concernant le travai basal en néonatologie : en travaillant avec des infirmières, de plus en plus de questions se sont posées sur la manière de traiter les enfants prématurés. Beaucoup d'entre eux étaient identifiés comme handicapés au cours de leur première année de vie. La prématurité et le handicap étaient reconnus comme allant « de pair » mais il n'y avait pas de réponse spécifique du point de vue de la pédagogie et la médecine se préoccupait surtout de leur survie. Cependant, les enfants qui ne présentaient pas de handicap ultérieur bénéficiaient également de soins.

Ces enfants avaient quitté leur « monde » trop tôt. Ils sont arrivés dans un environnement en dehors du ventre de leur mère qui ne correspondait pas à leurs possibilités perceptives et communicatives. Ils ont dû se confronter trop tôt à la pesanteur, ils leur manquaient les possibilités de communication physique immédiate, ils avaient besoin de toutes leurs forces pour survivre mais ils vivaient dans un environnement sensoriellement déficitaire. D'autre part, l'environnement leur imposait des stimuli pour lesquels ils n'étaient pas encore mûrs. Ils étaient donc à la fois sous-stimulés et sur-stimulés.

À partir de nos connaissances du milieu prénatal et de ses aspects neurosensoriels, nous avons donc essayé de convaincre les infirmières et les médecins afin de proposer un environnement adapté aux bébés : moins de lumière, moins d'alarmes et autres bruits non filtrés qu'ils ne pouvaient pas intégrer ; une proximité physique plus intense (le *peau à peau*) avec les battements de cœur et la respiration de la mère ou d'autres personnes de référence. Souligner ses propres limites corporelles : dans l'utérus, l'enfant reçoit des limites claires et une pression physique au cours des derniers mois avant sa naissance. Le positionnement dans le nid devrait permettre de compenser ce déficit. Les offres orales complétaient l'alimentation artificielle : des petites gouttes de liquide au goût prononcé, sucer le doigt de la mère, montrer comment sucer sa propre main... telles étaient les transitions organisées de manière pédagogique vers la période postnatale proprement dite.

Pour conclure sur ce sujet, il était important de renforcer les expériences prénatales pendant la période de la grossesse jusqu'à la naissance, de réduire les stimuli visuels et sonores à distance trop précoces, de proposer un contact tactile intensif, en particulier lors d'actes de soins ou d'activités de diagnostic.

C.P : Rencontre est un mot essentiel dans l'approche de la stimulation basale. Qu'évoque-t-il pour toi ?

A.F : En allemand, nous avons le terme *Begegnung*. En français comme en allemand, cela évoque la rencontre entre deux sujets. Ils se trouvent face à face. Une rencontre n'est pas forcément amicale, elle peut être hostile. Elle peut être également un défi ou insignifiante.

Une rencontre est limitée dans le temps, parfois un bref instant, parfois un peu plus longtemps mais jamais de manière durable. Elle peut être suivie d'autres rencontres, il peut en résulter une relation. Je trouve que *rencontre* est un mot qui convient à la situation où les chemins de personnes se croisent (pour la première fois).

Il me semble que le mot français *Rencontre* est plus proche de notre mot allemand *Treffen*. On se rencontre, on a une réunion (meeting en anglais). Cela dure un certain temps, on peut la planifier, l'organiser avec des rituels. Souvent, une *rencontre* a un caractère officiel, on convient d'un rendez-vous à deux ou à plusieurs. Si je dis : « j'ai rendez-vous avec Concetta », c'est assez formel dans le sens où nous avons quelques points à discuter ensemble, nous souhaitons planifier quelque chose. Si je dis : « je rencontre Concetta demain », c'est plus décontracté, moins officiel, on se retrouve dans un café ou pour une promenade.

C.P : La question de la rencontre est très importante lorsque nous accompagnons des personnes en situation de handicap. Elle est souvent conditionnée par la question du temps dans les institutions. En France, les professionnels évoquent très souvent le manque de temps. Être ensemble au-delà de faire ensemble ne va pas toujours de soi avec une personne polyhandicapée. Le point de départ de tout accompagnement est, selon moi, la rencontre telle que tu l'évoques. J'aime dire qu'on peut accompagner au quotidien une personne sans véritablement la rencontrer. Prendre le temps de la rencontre pour que l'accompagnement ne devienne pas qu'une succession d'actes tout au long de la journée.

Les modèles théoriques que tu as développés dans l'approche de la stimulation basale sont d'une grande richesse et permettent de mieux identifier et comprendre les besoins et les compétences des personnes en situation de handicap sévère : les perceptions de base, le schéma de la globalité, les thèmes essentiels, les cercles d'orientation et de perception. Je cherchais depuis quelques années un « modèle » théorique en lien avec ces questionnements : comment une personne en situation de handicap sévère et son accompagnant se rencontrent-ils ? Comment vivent-ils cette rencontre au quotidien ? Il m'a semblé intéressant de partir du concept de proxémie proposé par l'anthropologue américain, Edward T. Hall au début des années 1960. Que penses-tu de cette idée de proxémie basale ?

A.F : C'est un terme que nous ne connaissons pas dans la pédagogie allemande. Pour ma part, je préfère le terme *proxémie* à *proxémique.* Tu as présenté cette idée et son contexte dans la revue autrichienne « Menschen » en 2023. Je peux formuler ma propre appréciation en attendant les réactions à la suite de ton article. Je pense que cette idée est un bon complément aux espaces d'orientation tels que je les ai « inventés » il y a quelques années. C'est une bonne différentiation par rapport à ce qui est écrit sur la « distance et la proximité ». En examinant de plus près les relations, on découvre de nouveaux phénomènes et pour ceux-ci, nous avons besoin de nouveaux concepts. Pour moi, la *proxémie* est un de ces nouveaux termes qui peut être très utile pour une description différenciée des phénomènes de relation.

C.P : Ce que tu évoques en termes de phénomène de relations m'amène à nommer différemment aujourd'hui cette réflexion. J'aimerais utiliser le terme « espaces de rencontre » pour définir cette idée de proxémie basale. Ce terme permet d'avoir une idée plus précise et globale de cette notion de rencontre avec la personne en situation de handicap sévère. Il permettrait de décrire plus précisément les phénomènes relationnels et émotionnels chez la personne accompagnée et également chez l'accompagnant. Qu'en penses-tu ?

A.F : Encore une très bonne idée : les espaces de rencontre ! J'aime beaucoup cette idée qui peut s'appliquer à presque toutes les situations et les cycles de la vie. Les « relations » entre les personnes ont lieu dans des espaces de rencontre, les « espaces d'orientation » sont considérés du point de vue de l'individu, ils se rapportent à une seule personne. Les espaces de rencontre sont également une catégorie sociologique, ils ont un aspect de « l'espace social » qui joue un rôle important aujourd'hui en Allemagne en sociologie et en sciences sociales. Bref, un bon choix. Les réflexions sur la *proxémie basale* trouvent ainsi un cadre approprié.

C.P : Si nous revenons à la question du prendre soin, qu'évoque pour toi ce terme ? Comment le prendre soin s'inscrit dans l'approche de la stimulation basale ou nous pourrions également dire comment la stimulation basale s'inscrit dans le prendre soin ?

A.F : Cette question nous montre comment la traduction d'un terme d'une langue a l'autre est difficile. *Prendre soin* a de nombreuses et différentes significations en allemand. Il est difficile de traduire ce mot. *Pflegen* est l'équivalent de soigner lorsqu'il est utilisé dans les soins infirmiers. Mais il peut aussi signifier : je soigne mon corps, je me soigne bien au niveau physique et psychique, etc.

Achtsam sein signifie : être attentif, respectueux et soigneux.

Kümmern signifie : s'occuper de quelqu'un (l'origine est proche *d'avoir du chagrin*).

Ich kümmere mich um jemanden signifie : je m'occupe de quelqu'un, je l'aide.

Mais aujourd'hui, j'ai appris à connaitre et, je l'espère, à comprendre l'expression française « prendre soin ». Ce terme convient très bien à la stimulation basale car il englobe un large spectre d'assistance, d'aide et d'attention.

C.P : La question du prendre soin est au cœur de la stimulation basale dans le sens où elle est particulièrement attentive à la personne dans la singularité de son être et de son existence. Nous pouvons faire référence à la notion de globalité, à l'importance d'accepter la personne telle qu'elle est et non telle qu'on voudrait qu'elle soit, à promouvoir son développement quelle que soit la gravité de son handicap, à accepter l'expression de ses sentiments positifs ou négatifs, à créer un environnement qui favorise le sentiment de sécurité physique et psychique, à satisfaire ses besoins fondamentaux et spécifiques, à répondre à ses attentes et à ses désirs.

A.F : On peut considérer la stimulation basale comme une forme de communication par le corps. Si cette autre communication aide les proches à établir une meilleure relation avec leur enfant, avec leur père ou leur mère, j'en suis heureux. J'aime aussi montrer comment on peut organiser un rapprochement, comment on peut toucher, comment on peut établir une proximité au quotidien, comment on peut intégrer une personne ayant un handicap sévère de manière très individuelle dans les activités familiales. Cependant, je ne veux pas considérer a priori les proches comme des thérapeutes auxiliaires. Les proches ont une autre relation et aussi un autre rôle que les professionnels ! Nous devons respecter cela et adapter nos offres en conséquence.

C.P : Comment pouvons-nous transmettre l'approche aux parents ? Tu avais déjà évoqué cette question en 2010 lors de nos rencontres annuelles à Paris. Cette année, la question s'est reposée et tu confirmes cette idée de soutenir les parents plutôt que de les former.

A.F : Les textes que j'ai écrits expriment ce que je ne cesse de souligner sur ce sujet : Les parents ont une autre relation avec leur enfant que les thérapeutes, les pédagogues et les accompagnants avec leurs patients, leurs clients ou les enfants. Les parents ont d'autres tâches et ils ont d'autres responsabilités.
Il en résulte que l'information des parents doit être différente de celle des professionnels.

Les professionnels ont besoin d'informations qui leur permettent d'agir de manière compétente dans de nombreuses situations différentes avec différents enfants. Les parents ont parfois besoin d'un soutien pour communiquer avec leur propre enfant, pour s'occuper de lui au quotidien et pour l'aider à découvrir (= apprendre) le monde.

Il est certain que de nombreuses informations de base sont identiques, mais la manière de les transmettre doit être différente, beaucoup plus individuelle, beaucoup plus axée sur l'enfant, précisément sur ce seul enfant.

Il y a une vingtaine d'années, il était difficile de donner une formation aux parents. Il était plus facile de s'adapter en individuel car en groupe, les sujets abordés n'intéressaient pas tous les parents. Je pense qu'il n'est pas souhaitable de « mélanger » les professionnels et les parents. En tant que professionnels, nous avons « des valises d'outils » et les parents « des valises de difficultés et de questionnements ». Il est important de trouver des activités de partage, faire ensemble, trouver des activités communes. L'enfant, dit ordinaire, nous permet, nous autorise à jouer en tant qu'adulte à des jeux d'enfant à trois (père-mère-enfant). Avec un enfant polyhandicapé, c'est différent, il faut trouver des jeux, des activités pour jouer à trois et créer des liens intrafamiliaux. Il est important d'amener les parents à découvrir leurs ressources communicatives. Ils reçoivent souvent de la part des professionnels « des conseils », il faut soutenir la créativité des parents en matière de communication avec leur enfant : c'est l'enfant qui guide, qui montre aux parents.

Tout au long de ma pratique, j'ai appris que certains éléments psychiques et sociaux chez les parents agissent au-delà des frontières nationales, culturelles et religieuses.

C'est une grande frayeur d'avoir un enfant tel que celui-là. En tant que mère, en tant que père, on n'image pas avoir un enfant aussi gravement handicapé. Il devient vite évident qu'il ne s'agit pas d'un enfant comme les autres. Ce n'est pas un enfant qui suit son chemin comme les autres. C'est un enfant qui sera toujours particulièrement dépendant, de moi en tant que pédagogue, de ses parents, de sa famille. Il ne grandira jamais vraiment, il n'apprendra pas de métier, il ne fondera pas de famille, il n'y aura jamais de descendance. Cela fait peur, cela génère des cauchemars une nuit sur deux. Et cela génère de la colère.

Pourquoi cet enfant est entré dans notre vie ? Pourquoi a-t-il complètement changé notre vie ? Pourquoi l'a-t-il rendue si étroite ? Nous avons perdu notre liberté avec cet enfant. Les autres nous regardent, ils ne nous comprennent pas et nous nous sentons seuls.

Cette colère, nous ne devons la montrer à personne. Les thérapeutes, les pédagogues, les médecins, tous nous encouragent. Tous nous répètent à quel point cet enfant a besoin de nous, à quel point nous devons être là pour lui. Mais nous ne voulons pas toujours être là pour quelqu'un. Nous voulons aussi être là pour nous-mêmes. Nous pouvons exprimer notre tristesse mais il est plus difficile d'exprimer notre colère. Pas à mes propres parents, pas même à ma femme ou à mon mari, pas non plus à mes autres enfants.

En tant que mère ou père, je dois cacher ma colère en moi, en silence. Mais cette colère continue à agir en moi. Et si je regarde devant moi, alors tout me paraît bien sombre. Je souhaite que cet enfant meure avant moi. Car je sais bien que sans moi, ça ne marchera pas. Il n'y aura personne pour le comprendre. Il n'y aura personne pour l'aimer. Ce sera un cas pour tout le monde, un cas de soins, un fardeau. J'ai peur et je me sens mal parce que je veux vivre plus longtemps que mon enfant. Ce n'est pas naturel. Cela me rend malade, cela me désespère toujours.

Nous, les professionnels « basals », ne ferons pas de thérapie avec les parents, nous ne tenterons pas de les changer. Nous acceptons leur situation et recherchons avec eux.
Comment pouvez-vous mieux comprendre votre enfant ?
Comment pouvez-vous mieux vous faire comprendre de votre enfant ?

Comment fait papa, comment fait maman, comment font les frères et sœurs ?

Comment jouer ensemble ?

Que signifie jouer pour l'enfant ?

Peut-on « déstresser » les soins quotidiens ?

Chaque situation réussie détend un tout petit peu, chaque détente diminue un peu la colère silencieuse. Donc pas de cours complet, pas d'instructions systématiques, mais le quotidien de chacun détermine ce qui doit être élaboré en commun.

Cela a été ma priorité professionnelle pendant toutes ces années : la situation détermine le contenu. Ce n'est pas le caractère systématique de l'approche qui détermine la réalité.

C.P : Je partage ton point de vue concernant le soutien aux parents. Il m'est arrivé d'animer des temps de rencontre entre parents afin de présenter l'approche basale. Je me suis rendu compte que les parents avaient besoin avant tout de se rencontrer entre eux, de partager leurs vécus, leurs difficultés, leurs questionnements. Ils n'ont pas besoin que quelqu'un leur donne « un cours », ils ont surtout besoin d'une oreille attentive et d'un espace où la parole de chacun sera entendue avec bienveillance et sans jugement.

Prendre soin s'inscrit dans un ensemble de valeurs humanistes comme l'authenticité, la compréhension empathique, l'écoute et la présence. Ces valeurs incarnées par une grande majorité d'accompagnants ou de soignants sont valorisées par la philosophie de la stimulation basale.

A.F : J'aimerais faire part de quelques réflexions qui me préoccupent depuis longtemps, mais que je n'ai pas encore pu mener à bien de manière satisfaisante.

J'ai participé pendant quelques années à un forum de consultation sur les directives anticipées, le droit de la prévoyance et aussi le don d'organes.

J'en ai retiré des impressions intéressantes qui donnent à réfléchir.

De nombreuses personnes décrivent la situation qu'elles souhaitent éviter à tout prix dans leur propre vie : immobiles, incontinentes, sans possibilité de communication verbale, alimentées « artificiellement », dépendantes de soins complets, elles ne veulent pas vivre dans de telles conditions. En tout cas, pas de leur point de vue actuel. L'idée de devoir vivre de cette manière génère de vives angoisses. Il est préférable de ne pas prendre d'autres mesures médicales et de mettre fin à cette vie.

Je pense qu'il est utile en effet d'en prendre connaissance lorsque l'on a travaillé toute sa vie avec de telles personnes.

Regardons la situation d'un citoyen « normal ».

Si une rencontre a lieu avec une personne qui doit vivre précisément dans cet état appréhendé, cela mobilise des « représentations d'horreur », une image de l'Autre très négative qui ne peut généralement pas non plus être modifiée par une discussion ou une brève rencontre.

Nous devons d'abord accorder à ces « normaux » le droit de penser qu'une telle vie est « horrible ». Dire que la vie d'une autre personne « vaut la peine d'être terminée » peut être le résultat de cet effroi.

Je fais également remarquer que des efforts intenses sont réalisés dans l'ensemble de la société pour éviter une telle vie : nous recommandons à une femme enceinte d'accoucher en contact étroit avec un centre périnatal, nous faisons vacciner nos enfants, nous leur mettons un casque dès qu'ils font du vélo, nous ne les conduisons dans le monde que dans des sièges-auto. La plupart de ces mesures sont reprises à l'âge adulte, nous veillons de diverses manières à ce qu'il ne nous arrive rien qui puisse conduire à la situation décrite ci-dessus.

La prévention en tant qu'évitement de dommages est généralement reconnue, le handicap le plus grave serait le plus grand « dommage » imaginable.

Nous pourrions donc en conclure qu'il existe un large consensus au sein de la population sur le fait que vivre avec un handicap grave n'est pas souhaitable, que cela demande des efforts importants, voire des restrictions pour éviter un tel état.

Et maintenant, des personnes comme vous et moi, demandons que « prendre soin » pour sa propre vie se transforme en « prendre soin » pour d'autres vies. C'est vraiment beaucoup demander, je pense.

En tout cas, nous devons accompagner les personnes sur le chemin d'un changement de valeurs fondamentales pour elles, avec beaucoup de patience et de compréhension, de manière didactique et adaptée à chaque situation.

Chaque nouveau reportage sur les conditions inacceptables dans les établissements de soins, sur la violence et la négligence, fait monter l'angoisse : je ne veux pas vivre dans ces conditions, je préfère mourir. Et souvent, nous n'avons que peu d'arguments pour nous y opposer.

« Enveloppes humaines vides », « existences de ballast »[36] , « végétales », ces mots tirés d'un vocabulaire « inhumain »[37] signalent la dévalorisation des « êtres » qui ne sont plus considérés comme des êtres humains.

Les désigner comme des « non-plus-humains » crée une distance existentielle, facilite et comporte le danger immédiat de mettre fin « par grâce » à de telles vies ou de réduire l'attention, les soins et le « prendre soin » (care). Nous devons sans doute accepter que la rencontre avec de telles personnes puisse être une « expérience limite » (Karl Jaspers) que la peur et l'impuissance bloquent complètement les « possibilités qui restent ouvertes » (Heinz Bach).

Nous essayons, par nos réflexions et activités « basales », de montrer comment redécouvrir « l'humain » chez l'autre et ainsi diminuer un peu nos peurs. Mais nous savons qu'il s'agit souvent d'un long chemin, pas d'une décision volontaire unique, et encore moins d'une décision purement cognitive.

Je pense que nous devons prendre ces peurs de la vie au sérieux, reconnaître leur légitimité et nous efforcer d'améliorer visiblement les conditions pour des personnes ayant des handicaps extrêmement graves.

C.P : Cher Andreas, pour conclure cet entretien, j'aimerais te poser une dernière question. Nous avions eu l'occasion de parler ensemble de la Gestalt thérapie. As-tu rencontré Fritz Perl ? Peut-on dire que la stimulation basale s'est inspirée de la

---

[36] Ballast : métaux lourds / métaphore en français de "handicap lourd", idée de fardeau, connotation très péjorative.

[37] Ce terme accentue les mots péjoratifs utilisés dans le vocabulaire courant pour qualifier des personnes en situation de handicap grave ou dans une situation de grande dépendance et vulnérabilité (maladie, démence...)

Gestalt ? Des similitudes dans la philosophie de ces deux approches sont à noter.

A.F : Non, malheureusement je n'ai jamais rencontré Fritz Perls personnellement. Il est vrai qu'il y a de nombreux points communs entre la stimulation basale et la Gestalt-thérapie. Cependant, je n'ai connu la Gestalt-thérapie qu'après avoir développé les grandes lignes du concept de l'approche basale. Ce n'est qu'au cours de discussions ultérieures avec différentes formes de thérapie que les concepts se sont rencontrés. Je ne suis pas surpris qu'il y ait de nombreuses similitudes : les bases sont justement similaires. C'est la psychothérapie d'inspiration « juive », la vision qu'on a de l'homme met l'accent sur son développement individuel. Et c'est la conviction que non seulement l'esprit (intellect) et l'âme (psyché), mais aussi le corps, sont déterminants pour l'existence humaine.

Dans le domaine de la pédagogie, le travail gestalt-thérapeutique n'a été connu en Allemagne que quelques années après la stimulation basale.

Gerry Van Vugt et Thijs Besems ont développé leur propre institut de Gestalt thérapie à Magen aux Pays-Bas auprès de personnes handicapées.

Je pense que cette approche humaniste holistique et corporelle était « dans l'air ».

C.P : Merci Andreas, je pense que la stimulation basale est encore « dans l'air du temps » aujourd'hui et nous aspirons à ce qu'elle le soit encore longtemps au profit des personnes et de leurs familles. Nous, formateurs et praticiens, devons veiller à ce que la stimulation basale reste une approche vivante et respectueuse de l'être humain.

2.   Une rencontre « discrète » à cultiver

Notre société aspire à ce que les droits des personnes en situation de handicap soient reconnus par des aides financières, techniques et humaines. Cependant, aujourd'hui, le monde du handicap sévère est encore peu connu ou mal identifié. Aujourd'hui, les personnes polyhandicapées sont encore invisibles aux yeux de la société. Elles restent au bord du monde. L'emplacement géographique de certains établissements accueillant des personnes polyhandicapées est parfois très surprenant, voire déconcertant : dans une zone commerciale ou industrielle, à la périphérie d'une ville ou très excentré d'un village. En termes d'inclusion, ce n'est pas l'idéal pour tisser des liens, faire des rencontres ou participer à la vie de son quartier ! La fête des voisins risque d'être compromise !

Dans une société qui sacralise le paraitre, à l'ère des réseaux sociaux où il est de mise de raconter sa vie, se raconter, de donner son opinion sur tout et rien, la discrétion parait obsolète. Lorsque l'intimité s'expose sur la toile, les frontières entre la vie privée et la vie publique deviennent très floues. L'intimité comprend l'espace physique, l'espace psychique et nos compétences à penser et à agir. Intrinsèquement, l'intimité ne s'exhibe pas. Elle nous protège : « *l'intimité indique une clôture, une frontière à ne pas dépasser* »[38]. Lorsqu'elle est partagée, elle reste habituellement dans un cercle de proches ou d'intimes. « S'exhiber » sur les réseaux sociaux est facilité par l'anonymat, ce qui permet de s'exposer sans être visible. Se sentir invisible facilite alors la désinhibition. L'*extémité*, néologisme inventé par Jacques Lacan, puis repris par Serge Tisseron, se définit comme

---

[38] NEUBERGER R., Les territoires de l'intime, Odile Jacob Poches, p.9 2018

« *le processus par lequel des fragments du soi intime sont pro-posés au regard d'autrui afin d'être validés* » [39]. Faire preuve de réserve et de retenue, compter ses amis sur le bout des doigts et non selon le nombre de clics comptabilisés sur la toile, semble anachronique aujourd'hui. Dès notre plus jeune âge, notre culture incite à l'extraversion plutôt qu'à l'introversion. À l'école, on attend des élèves qu'ils participent oralement, qu'ils posent ou répondent aux questions et lorsque ce n'est pas le cas, les élèves sont étiquetés trop discrets ou trop timides. Introversion et timidité sont alors souvent confondues : l'introverti ne se soucie pas du regard de l'autre alors que le timide souffre du regard négatif de l'autre sur lui-même. Quant à l'extraverti, il aime faire du bruit, pense à voix haute, parle vite, rit fort et aime être entouré. L'introverti est réservé, travaille lentement, réfléchit avant de prendre la parole, aime le calme et la solitude, apprécie peu les conversations superficielles et privilégie les échanges intimes[40].

Faire l'expérience de la discrétion est un moment particulier, éphémère, où l'on profite de la présence ou de l'existence des autres, sans contrepartie. Pierre Zaoui évoque la discrétion comme un art, celui de disparaitre : « *être discret, ce n'est pas abandonner le monde et les autres pour une vie intérieure plus profonde, c'est au contraire être disponible pour tout ce qui peut advenir de bon ou de mauvais autour de soi [...]. L'amour, cet élan vers l'autre ou vers le monde qui n'est ni stricte possession, ni pure générosité est peut-être la seule « matière » de la*

---

[39] TISSERON S., Intimité et extémité dans communications, 2011/1 (n°88), p 83-91, éditions Le Seuil
[40] HAWKE L., La force des introvertis, éditions Eyrolles, 2013

discrétion [...]. La capacité à être là sans s'imposer, à se donner sans s'exhiber, à percevoir sans dominer »[41].

Les introvertis sont plus à l'aise dans le monde intérieur de la pensée et des émotions, ils trouvent ressource et inspiration dans le calme ; les extravertis préfèrent l'action et l'interaction, et sont plutôt stimulés par les échanges et les groupes. Ces différences se répercutent dans tous les domaines : façons d'être en relation, d'agir, de réagir, de réfléchir, etc. Sans être pour autant timides ou appréhender les contacts sociaux, les introvertis, contrairement aux extravertis, n'en sont pas dépendants ; bien que sociables, ils ont besoin de solitude[42]. Dès 1923, Carl Gustav Jung, psychiatre suisse, évoque l'introversion et l'extraversion comme deux manières d'aborder le monde, en utilisant deux personnages de la mythologie grecque qui s'opposent : Épiméthée incarne l'extraverti *(l'étourdi)* « *celui qui pense après coup* » et Prométhée, son frère, incarne l'introverti *(le prévoyant)*, « *celui qui pense avant* »[43].

Ces deux façons d'aborder le monde viennent se confronter au monde de la personne en situation de handicap sévère. Celui-ci est souvent décrit au premier abord comme un monde qui nous est étranger et étrange en termes de comportement (pourquoi agit-elle ainsi ?), incompréhensible en termes de sens (pourquoi réagit-elle ainsi ?) et imperceptible en termes de communication (pourquoi lui est-il si difficile de gérer et d'exprimer ses émotions ?). La rencontre avec la personne en situation de handicap sévère sera en partie influencée par la façon dont les professionnels abordent eux-mêmes leur propre monde, à la

[41] ZAOUI P., La discrétion ou l'art de disparaitre, éditions Autrement, p 140, 2015
[42] ANDRE C., Les introvertis au pouvoir, revue Cerveau&Psycho, n°61, 2014
[43] FERRY L., Mythologie et Philosophie – 1, éditions J'ai lu, 2016

manière de Prométhée ou d'Épiméthée. Celle-ci ne préfigure pas qu'il y ait une « bonne » ou une « mauvaise » manière de rencontrer l'autre. Une approche plus « introvertie » peut faciliter la rencontre avec une personne en situation de handicap sévère pour qui, le besoin de ressentir son corps (percevoir son unité corporelle) et de se sentir sécurisée (vivre la sécurité et établir la confiance) seront au premier plan. Cette rencontre passe essentiellement par le toucher ; ce qui implique pour l'accompagnant de solliciter la personne sans s'imposer à elle et de la toucher sans l'envahir en proposant un toucher sécurisant, bienveillant et informatif. Nous pourrions dire qu'une approche délicate, calme et lente facilitera la rencontre. De même, une approche plus « extravertie » sera profitable pour une personne ayant une appétence à communiquer et à entrer en relation (faire des rencontres et établir des relations).

Andreas Fröhlich insiste sur le soutien et l'encouragement basal (Basale Förderung), socle de la rencontre avec les personnes dont l'accès au monde animé et inanimé se limite à l'espace situé à proximité immédiate du corps. Par une posture adaptée, les accompagnants sont enclins au soutien et au développement des compétences de la personne : *« l'être humain est acteur de son propre développement. La personne en situation de handicap sévère doit élaborer progressivement la certitude que ses activités sont perçues, comprises, et qu'elles suscitent une réponse. Sans ces expériences, elle ne sera pas en mesure d'entrer en communication et en interaction »*[44]. Ce principe évoqué par Andreas Fröhlich est magnifiquement illustré dans le roman autobiographique de Clara Dupont-Monod. Elle

---

[44] Intervention de Andreas Fröhlich lors de la rencontre internationale des formateurs, Belgique, 2014

raconte la relation privilégiée qui s'est tissée entre son grand frère (l'ainé) et son petit frère polyhandicapé (l'enfant) : « *L'ainé lui fredonnait des petites chansons [...]. L'enfant ne pouvait ni voir ni saisir ni parler, mais il pouvait entendre. Par conséquent l'ainé modula sa voix [...]. Il froissait des branches de verveine séchée contre son oreille. Il ouvrait doucement ses petites mains toujours fermées pour les poser sur la matière [...]. Il caressait l'intérieur de ses poignets avec une brassée de menthe, faisait rouler des noisettes sur les doigts, lui parlait toujours. Les jours de pluie, il ouvrait la fenêtre et glissait le bras de son frère à l'extérieur afin qu'il sente le contact de l'averse [...]. La bouche de l'enfant s'étirait en un immense sourire, assorti d'un filet de voix ravi* »[45]. Cette relation très sensorielle permet une véritable rencontre entre les deux frères. Le grand frère développe une sensibilité particulière, une sensorialité à fleur de peau avec des sentiments très contrastés (la compassion, la tendresse, la honte, la colère, l'acceptation, le chagrin) alors que la sœur (la cadette) se tient à distance de son petit frère qu'elle n'arrive pas à rencontrer. L'attachement de son frère ainé à ce frère lui échappe, provoquant chez elle des émotions et ses sentiments ambivalents et parfois violents (colère, dégout, honte, rejet, peur, incompréhension, jalousie, injustice, culpabilité) : « *C'était un être à mi-chemin, une erreur coincée quelque part entre la naissance et le grand âge, une présence encombrante sans paroles ni gestes ni regard [...], elle n'éprouvait aucune tendresse, ce qu'elle voyait d'abord c'était une marionnette toute pâle qui demandait les soins d'un éternel bébé* »[46].

---

[45] DUPONT-MONOD C., S'adapter, Stock, p.33, 2021
[46] DUPONT-MONOD C., S'adapter, Stock, p.72, 2021

3. Ajuster sa posture

La posture se définit au sens littéral du terme comme « *une attitude, une position du corps, volontaire ou non, qui se remarque* »[47]. Elle est donc liée à la manière dont la personne incarne son corps, les mouvements, l'attitude, les gestes et les mots : « *Par la posture, s'incarnent les valeurs d'un professionnel en relation à autrui [...] parce qu'elle est appropriée à l'instant, elle fait preuve de justesse. Sa justesse est à la fois accordée à ce qui émane de soi et à ce qu'exige la situation, à la manière dont chacun reçoit et répond aux stimulations du monde. Elle suppose donc une certaine fluidité* »[48].

Nous pourrions dire que l'approche de la stimulation basale invite les professionnels à ajuster leur posture. En formation, les professionnels expérimentent par le biais d'expériences sur soi non seulement le toucher comme une technique mais également comme une posture appropriée à la rencontre, en y mettant de l'intentionnalité, de la présence à l'autre et de l'écoute[49]. Au-delà de la technique, une attitude dite « basale » incite les professionnels à rendre naturelle cette posture en favorisant l'appétence et le désir d'accompagner la personne en cheminant avec elle, à son rythme et selon ses capacités. Lorsque notre posture est ajustée, il est bien plus simple d'acquérir un savoir-faire ou de développer une compétence : « *La compétence, sans l'appétence, c'est la construction d'une maison sur*

---

[47] Définition du CNRTL
[48] PAUL M., La démarche d'accompagnement, repères méthodologiques et ressources théoriques, De Boeck Supérieur, 2016
[49] PAGANO C., La stimulation basale, l'art de la discrétion, janvier 2021, www.stimulation-basale.fr

du sable mouvant »[50] Mais la posture du professionnel se définit également en termes d'implication, en s'impliquant et non en étant impliqué malgré lui. Cela nécessite que l'institution prenne soin des accompagnants, en étant elle-même dans une posture bienveillante à leur égard, en valorisant leur savoir-faire et leur savoir-être dans l'accompagnement des personnes au quotidien.

Lors des formations, ces temps du quotidien sont amplement évoqués, et selon les établissements, il est fréquent d'entendre certains accompagnants dire à juste titre : « *comment je peux être bienveillante quand je n'ai que vingt minutes pour faire la toilette de Madame B.* ? » ou « *tous les résidents doivent être douchés avant 9 heures pour les activités* ». Il est évident que l'approche basale ne règle pas d'un coup de « baguette magique » la réalité de terrain à laquelle les accompagnants sont confrontés quotidiennement et n'apporte (surtout) pas de recettes toutes faites. Néanmoins, lorsqu'une institution demande à former leurs professionnels à cette approche, il me semble évident que, dans la majorité des cas, elle ait la volonté de réfléchir et d'appréhender autrement les temps du quotidien, en étant au plus près des besoins des personnes accompagnées et en développant les compétences des accompagnants. C'est une preuve de bienveillance de l'institution à l'égard des accompagnants et des personnes accompagnées.

La bienveillance, composé du préfixe « bien » se définit comme « ce qui fonde en valeur toute chose, toute action » ; et « veiller », synonyme de « prendre soin », se définit plus globalement comme « une disposition d'esprit favorisant l'attention,

---

[50] LADSOUS J., Posture du corps et de l'esprit, VST - Vie sociale et traitements, vol. 96, no. 4, 2007, p.74-77.

la compréhension et l'indulgence envers autrui »[51]. La bienveillance peut être considérée comme une posture. Les mots comme *bienveillance, attention, sollicitude (et bien d'autres)* auraient-ils perdu de leur sens et de leur valeur comme le souligne Philippe Chavaroche[52] ? En utilisant des mots à la sémantique trop large, voire « floue » comme la bientraitance (le bien) et la maltraitance (le mal), ne prend-on pas le risque de se déconnecter une nouvelle fois de la réalité du quotidien des accompagnants ? À la question de cette aide-soignante : « *Comment je peux être bienveillante quand je n'ai que vingt minutes pour faire la toilette de Madame B. ?* », lui diriez-vous qu'elle est maltraitante, que l'institution est maltraitante ? Peut-on se contenter de lui dire qu'elle fasse de son mieux, qu'elle soit bientraitante quand même ? Que veut dire alors, dans ce contexte, maltraitant ou bientraitant ? Comment rester dans une posture bienveillante alors que le contexte ne le permet pas toujours ? À trop vouloir contrôler, quantifier dans un souci permanent d'offrir un accompagnement de qualité, ne risque-t-on pas d'être dans une démarche contre-productive de ce qui fait la qualité de l'accompagnement au quotidien où « les ressources de créativité, d'intelligence et de sollicitude des professionnels doivent trouver l'occasion de s'exprimer le plus pleinement possible »[53].

---

[51] Définition du dictionnaire Larousse
[52] CHAVAROCHE P., Où va le médico-social ? p.42, éditions Erès, 2021
[53] ANESM, Recommandations des bonnes pratiques, p.33

4. À la recherche du temps perdu

Activités ou temps du quotidien ?

Le terme *activités de la vie quotidienne* est souvent employé. Cependant, au fil du temps, ce terme me questionne et je suis de moins en moins encline à l'utiliser. L'activité se définit comme « *un ensemble de phénomènes (processus) par lesquels se manifestent certaines formes de vie, ou comme une faculté, une puissance d'agir (une action, être actif)* »[54]. Le terme de *vie quotidienne* se définit comme « *la vie d'une personne ou d'une communauté, considérée dans ce qu'elle a de répétitif, d'habituel, d'obligatoire* » ou « *qui est lié à la vie de tous les jours et qui pour cette raison ne présente aucun caractère notable, remarquable* »[55].

Le quotidien est donc incontournable et répétitif mais n'a-t-il vraiment aucun caractère notable ou remarquable ? Dès notre plus tendre enfance, le quotidien rythme notre vie, il est fait de sensations agréables (ou désagréables), de rituels (les habitudes) qui nous permettent de nous sentir bien, de nous sentir en sécurité. Le quotidien nous rappelle en permanence nos premières expériences par son caractère naturel, physiologique et psychologique qui rythme nos journées : se réveiller, se lever, se laver, manger, boire, se coucher, dormir, etc. Mais pensez-vous votre quotidien comme une activité ? comment le définiriez-vous ? Diriez-vous que chaque matin, lorsque vous prenez votre petit-déjeuner ou votre douche, vous considérez ces temps en termes d'activités ou comme une nécessité liée à un besoin ?

---

[54] Définition du dictionnaire Larousse
[55] Définition du CNRTL

Lequel ? Avez-vous déjà réfléchi à vos rituels, à toutes ces petites choses qui rythment votre quotidien auxquelles vous ne prêtez plus attention et que vous faites automatiquement ? Quels sont vos besoins pour que vous vous sentiez bien dans votre corps et dans votre tête pour démarrer la journée ?

Dans le cadre des formations, je demande aux participants de changer une habitude le second jour entre le moment où ils se lèvent et le moment où ils arrivent à la formation. Je constate parfois que le simple énoncé de cette expérience provoque des réactions surprenantes. Certains participants disent spontanément que ce n'est pas possible, certains disent qu'ils n'ont pas envie et d'autres se prêtent au jeu. Ils disent majoritairement que ce petit changement d'habitude a été mal vécu. Ils avaient le sentiment d'être déstabilisés dans leurs repères temporels, d'avoir un sentiment de ne pas « être bien dans leur peau » sans pouvoir l'expliquer. Ils évoquent souvent le sentiment de sécurité et de bien-être et l'importance de leurs petits rituels du matin (se lever tôt, fumer une cigarette avant de déjeuner, prendre le temps sous la douche, écouter la radio, se parfumer, etc.). Parfois, certaines personnes disent que ce changement d'habitude a été positif, elles ont eu plus de temps pour elles, elles ont apprécié cette petite nouveauté qui « casse » leur routine.

Des petites choses du quotidien à la moindre des choses

Cette expérience anodine au premier abord permet d'aborder le quotidien des personnes en situation de handicap sévère et la complexité d'être attentifs et de répondre aux besoins singuliers de ces personnes dans un fonctionnement collectif. La question du sens me parait fondamentale. Un thème essentiel permet de se questionner sur cette quête de sens (*donner un sens et trouver une signification)* pour la personne accompagnée mais également pour l'aidant qui accompagne.

L'extrême dépendance et fragilité des personnes que nous accompagnons nécessitent une attention particulière. Ce que nous pourrions considérer comme les petites choses du quotidien ne le sont pas pour la personne polyhandicapée. Son quotidien doit être pensé afin qu'elle ne soit pas réduite à un objet de soins. Penser le quotidien permet d'offrir un espace de rencontre sécurisant et une temporalité qui rythme la journée pour que les routines deviennent des routines vivantes[56]. L'activité du quotidien dans laquelle l'accompagnant effectue une tâche plus ou moins technique peut devenir un temps d'échange, de rencontre si l'activité devient commune. Cela nécessite de considérer les temps du quotidien comme des temps significatifs et propices à la rencontre. Ces temps signifiants pour la personne rythment son quotidien et contribuent à son épanouissement physique et psychique.

Thomas Buchholz, formateur en stimulation basale et auteur en Allemagne, a accompagné des personnes âgées atteintes de la maladie d'Alzheimer. Il a développé un outil appelé *la biographie sensorielle*[57]. Cette biographie permet de porter une attention particulière aux habitudes de vie signifiantes pour les personnes concernées. Les items principaux sont fondés sur les trois perceptions de base (somatique, vestibulaire, vibratoire) et les cinq sens :

- Expériences somatiques primaires (*le contact corporel avec autrui, le toucher corporel, les soins corporels, la*

[56] VANMAEKELBERGH P., Résonance et consonance dans la Simulation Basale, janvier 2024, www.stimulationbasale.fr
[57] BUCHHOLZ T., SCHÜRENBERG A., Basale Stimulation in der Pflege alter Menschen, Huber Verlag, 4, Auflage, 2013

toilette, *les soins de bouche et des dents, les soins des cheveux et des ongles, se raser, se vêtir, le mouvement et la proprioception).*

- Expériences vestibulaires primaires (*le positionnement, la position allongée, la position assise, la position debout, se déplacer, les expériences vibratoires de base).*
- Expériences orales primaires (*propositions liées à la bouche).*
- Expériences gustatives primaires (*manger, boire).*
- Expériences auditives primaires (*entendre).*
- Expériences olfactives primaires (*sentir).*
- Expériences primaires du toucher et de la préhension (*toucher, prendre, saisir).*
- Expériences visuelles primaires (*voir).*
- Les origines *(concernant la personne et la famille).*

Afin de mieux comprendre l'importance et l'impact de ces habitudes sur notre épanouissement physique et psychique, je vous propose de lire et de répondre pour vous-même à ces questions sélectionnées dans les différents items de la biographie sensorielle :

- Préférez-vous avoir chaud ou froid ?
- Quelles sont les matières que vous ne supportez en aucun cas sur votre peau ?
- Quelles sont les parties du corps qui vous sont particulièrement sensibles ?
- Que signifie pour vous la proximité corporelle ?
- Aimez-vous toucher ? aimez-vous être touché(e) ?
- Dans quelles situations acceptez-vous qu'une personne étrangère vous touche dans la nudité ?
- Que devrait faire un soignant pour que vous puissiez supporter ce toucher dans cette situation ?

- Si vous pensez soin, faites-vous des associations plutôt négatives ou positives ?
- À quelle heure avez-vous l'habitude de faire votre toilette ?
- À quelle fréquence prenez-vous une douche ou un bain ?
- À quelle température doit-être l'eau pour vous laver, vous doucher, vous baigner ?
- À quelle température doit-être votre salle de bain ?
- Faites-vous votre toilette de façon ritualisée ?
- Dans quel ordre faites-vous votre toilette ? (par quelle partie du corps commencez-vous ?)
- Qu'utilisez-vous comme ustensiles ? (gant de toilette, éponge, man nue...)
- Quel type de drap de bain utilisez-vous ? (petite, grande, en coton...)
- Quel type de produits utilisez-vous ? (savon, gel douche...)
- Est-ce que vous vous maquillez ? tous les jours ? à l'occasion ?
- Utilisez-vous une brosse à dents manuelle ou électrique ?
- À quel endroit de la bouche débutez-vous le brossage de dents ?
- Avez-vous une sensibilité buccale particulière ?
- Utilisez-vous un peigne ou une brosse à cheveux ?
- Attachez-vous vos cheveux ou les laissez-vous libres ?
- À quelle fréquence faites-vous un shampoing ?
- Allez-vous chez le coiffeur régulièrement ? occasionnellement ?
- Que signifie pour vous aller chez le coiffeur ?

- Coupez-vous ou limez-vous vos ongles ? Avec quels ustensiles ? À quelle fréquence ?
- Vous rasez-vous tous les jours ? Si non, combien de fois par semaine ?
- Vous rasez-vous à la main ou au rasoir électrique ?
- Utilisez-vous du gel, de la mousse, du savon à raser ?
- De quel côté du visage débutez-vous le rasage ?
- Quels vêtements aimez-vous particulièrement porter ?
- Quelle matière préférez-vous ?
- Aimez-vous des vêtements amples ou près du corps ?
- Dans quel ordre vous habillez-vous ?
- Aimez-vous marcher pieds nus ? en chaussettes ?
- Quelles chaussures aimez-vous porter ?
- Aimez-vous être en mouvement ?
- Y a-t-il des mouvements que vous ne pouvez plus faire ? des mouvements douloureux ?
- Où est placé votre lit dans votre chambre ?
- Jusqu'où vous couvrez-vous pendant l'endormissement ?
- Quel type de linge de lit utilisez-vous ? (couette, oreiller, couverture…)
- Votre chambre est-elle chauffée ? dormez-vous la fenêtre ouverte ? dans l'obscurité totale ?
- Quelle est votre position d'endormissement ?
- Avez-vous un rituel d'endormissement ?
- Aimez-vous faire la sieste ?
- Avez-vous une place attitrée à table ? pourquoi ?
- Quel est votre aliment préféré ? combien de fois en mangez-vous par semaine ?
- Y a-t-il des aliments que vous détestez ?
- Combien de repas prenez-vous par jour ?

- Préférez-vous manger chaud ou froid ?
- Prenez-vous un petit déjeuner ?
- Quelles sont vos boissons préférées ?
- Quelle quantité d'eau buvez-vous par jour ?
- Quels sons détestez-vous ?
- Quelles musiques écoutez-vous ?
- Quelles odeurs vous incommode ?
- Quelles odeurs aimez-vous ?
- Qu'aimez-vous toucher avec vos mains ?
- À quel moment avez-vous besoin de vos lunettes ?
- Aimez-vous regarder des photos ?
- Quelles sont les activités qui vous permettent de vous sentir bien dans votre corps ?

À la lecture de ces questions « basales », êtes-vous de ceux ou celles qui ont trouvé ces questions simples et les réponses évidentes ; ou de ceux ou celles qui ont dû réfléchir avant d'y répondre, voire de ne pas savoir quoi répondre spontanément ? Et si quelqu'un décidait et choisissait à votre place ce qu'on pourrait nommer communément « les petites choses du quotidien », comment vous sentiriez-vous ? seriez-vous d'accord ? Lorsque vous accompagnez des personnes en situation de grande dépendance, vous êtes-vous déjà posé ces questions ? Leur avez-vous déjà posé ces questions ? Si nous prenons l'exemple d'une personne âgée atteinte de démence ou d'une personne cérébrolésée (à la suite d'un accident ou une maladie), que connaissez-vous de ses habitudes de vie antérieures à sa maladie, à son accident ? Avez-vous déjà questionné les proches, les parents ? Ces habitudes de vie figurent-elles dans son projet d'accompagnement ?

Andreas Fröhlich insiste sur l'importance du quotidien. « La routine quotidienne nous fait facilement oublier que, pour de très nombreuses personnes polyhandicapées, chaque jour est un nouveau commencement et qu'elles doivent à chaque fois rétablir des repères qui leur permettent de s'orienter dans leur corps et dans leur environnement »[58]. Souvent, la difficulté rencontrée par les accompagnants est justement de s'inscrire dans ce quotidien qui, petit à petit, peut être noyé par la routine, ce qui est paradoxal. Savoir pourquoi on fait les choses facilite l'action mais la répétition quotidienne de l'action fait qu'on oublie pourquoi on l'accomplit... La stimulation basale aide les accompagnants à élaborer des représentations les plus précises possibles et à les conceptualiser afin de placer la vie quotidienne dans la réalité des personnes accompagnées. Ainsi, elle donne du sens aux gestes les plus simples, ceux qui sont devenus routiniers ou non reconnus.

Avoir plus de temps ou savoir prendre son temps ?

La question du sens est également liée à la question du temps. Celle-ci est un sujet complexe parce qu'elle est multifactorielle (en termes de moyens humains, financiers mais aussi parce qu'elle est liée à la culture et à la dynamique institutionnelles). Lorsque Andreas Fröhlich dit *qu'il ne s'agit pas seulement d'avoir plus de temps mais de savoir prendre son temps*, il explicite que la temporalité (prendre son temps) n'est pas toujours relative à la temporalité institutionnelle (courir après le temps). Depuis la nuit des temps, selon les Grecs, le temps est linéaire (Chronos) : c'est le temps de l'horloge, toutes les minutes ont la même durée. Il est perception (Kairos) : les minutes,

---

[58] FRÖHLICH, A. « *La stimulation basale, le concept* » édition SZH, 1998

bien qu'elles aient la même durée, peuvent nous paraitre (très ou trop) courtes ou (très ou trop) longues en fonction de ce que l'on vit (l'ennui, l'impatience, la joie, la peur, l'excitation, etc.). Il est également cyclique (Aîon) : c'est le temps des périodes qui se succèdent comme les saisons, les fêtes, les cycles de vie mais c'est aussi notre horloge interne (le sommeil, la faim, etc.).

Au quotidien, la personne en situation de handicap sévère a besoin que les temps soient rythmés (le lever, le petit-déjeuner, la toilette, les repas, les activités, les soins, les siestes, les temps libres ou de repos, le coucher), structurés (la nécessité de signifier clairement le début et la fin) et ritualisés (des repères suffisamment perceptibles et compréhensibles pour éprouver un sentiment de sécurité physique et psychique). Une des difficultés majeures est d'adapter ces temps à minima au rythme, aux besoins et aux attentes de ces personnes tout en tenant compte de la réalité de vie en collectivité. Cependant, toute institution accueillant des personnes fragiles, dépendantes et vulnérables doit veiller ou s'éveiller au principe de responsabilité (éthique) envers les accompagnants en proposant un soutien actif, bienveillant et adapté à la réalité du « terrain ».

Selon les établissements, au cours des formations, la question du temps est très présente et s'exprime selon les accompagnants sous forme de plainte essentiellement. Celle-ci, si la plupart du temps se justifie amplement, évolue entre le début et la fin de la formation. Le manque de temps évoqué dès le premier jour *(on n'a pas le temps de faire ce que vous proposez, ce n'est pas possible, etc.)* s'estompe au profit d'une prise de conscience que les principes de la stimulation basale sont davantage en lien avec la temporalité (plus que le temps) et la posture (plus que la technique) : apprendre à être dans une juste proximité pour éviter d'être intrusif ou envahissant, proposer un toucher initial sur le corps de la personne pour lui signifier sa présence ou le début d'une activité, être présent à l'autre et à son écoute dans la rencontre sont quelques exemples signifiants qui ne nécessitent pas forcément plus de temps. On ne peut continuellement être dans la plainte sans tenter d'en sortir. En tant que formatrice, je me dois de l'entendre, de l'écouter puis d'aider les accompagnants en (re)donnant du sens et en valorisant ce qu'ils sont et ce qu'ils font au quotidien pour les personnes qu'ils accompagnent avec beaucoup de bienveillance et de compétences. Cependant, face à des injonctions paradoxales principalement liées à « *l'évaluationite »,* maladie aigüe de notre société, l'approche de la stimulation basale a parfois peu de poids face au diktat « *# case à cocher* » !

Le cursus de formation en stimulation basale se décline en deux modules principaux (*un premier module aborde les bases théoriques et pratiques de l'approche puis un second propose d'approfondir ces bases)* puis des journées à thèmes sont proposées (*sous forme de suivi de terrain ou d'analyses des pratiques en lien avec l'approche basale*).

Lors du module d'approfondissement, les accompagnants sont invités à expliquer ce qu'ils ont modifié ou amélioré dans leur pratique au quotidien depuis le premier module de formation. Voici quelques exemples de retours d'expériences, la question du temps y est très présente :
- *Je prends plus le temps et j'essaie d'être davantage dans l'observation de ce que je fais (aide-soignante).*
- *Je veille à faire un toucher initial sur l'enfant avant de le toucher ou de le manipuler, j'essaie de prendre le temps d'y penser (kinésithérapeute).*

- *Je prends devantage le temps d'entrer en relation avec les jeunes, comme établir un contact avec la main sur l'épaule, ou encore avoir une capacité de recul concernant les actes de vie quotidienne que l'on fait de manière mécanique (aide médico-psychologique - AMP).*
- *Le frein le plus important est et restera, selon moi, LE TEMPS...(AMP).*
- *Prendre le temps pour soi même si on n'en a pas (éducatrice de jeunes enfants).*
- *J'essaie d'être encore plus à l'écoute du langage corporel des jeunes que j'accompagne et d'adapter mon accompagnement, mes gestes et ma personne au mieux et en fonction des besoins de chacun. Je suis également plus contenante dans mes gestes, et mes mouvements sont plus doux et fluides. J'essaie de prendre plus de temps dans différents moments du quotidien (éducatrice de jeunes enfants).*
- *Je prends davantage en compte le rythme et l'environnement de l'enfant ou de l'adolescent (aide-soignant).*
- *Prendre le temps pour soi, c'est prendre soin des autres (aide-soignante).*
- *Je prends plus le temps lors des transferts et des manipulations (psychomotricienne).*
- *Ma pratique a changé, j'arrive plus lentement vers les enfants (aide-soignante).*
- *Je m'accorde plus de temps pour entrer en relation de façon non-verbale avec les personnes (éducateur spécialisé).*
- *Il est difficile de trouver du temps en équipe pour remplir le carnet d'observations (psychologue).*

- *C'est difficile car on manque souvent de temps au repas et pour l'habillage (aide-soignante).*

Ces différents retours mettent globalement en lumière un impact positif sur l'attitude et le toucher relationnel des accompagnants envers les personnes (enfants ou adultes). La question du manque de temps est de nouveau évoquée comme un frein à la mise en œuvre de l'approche basale. On ne peut pas demander à des accompagnants de consacrer une grande partie de leur temps à remplir des tableaux, à noter que ce qu'ils font au quotidien pour prouver qu'ils appliquent bien les « bonnes » recommandations.

La relation semble parfois relayée au second plan, il faut surtout en rendre compte, la noter, l'évaluer au détriment de la vivre et de l'éprouver mais les personnes polyhandicapées sont bien réelles, elles n'ont pas besoin que l'on consigne leurs besoins dans des cases ou des grilles, elles ont surtout besoin de relation, de présence et qu'on prenne soin d'elles avec compétences et respect. Pour cela, il est indispensable de reconnaitre les compétences de chacun pour « faire équipe », travailler ensemble intelligemment et développer une confiance mutuelle : « *On ne peut pas demander aux cadres d'être des cliniciens [...], leurs fonctions et leurs compétences sont bien dans la gestion des moyens financiers et matériels, dans l'administration réglementaire des établissements, dans le recrutement et la mise à disposition des moyens humains [...]. C'est une évidence qu'encadrement et clinique se doivent de travailler en pluridisciplinarité, même plus, en transdisciplinarité* »[59].

---

[59] CHAVAROCHE P., Où va le médico-social ? éditions Erès, p.88, 2021

Les cadres sont royés sous de telles contraintes administratives qu'ils ne sont plus un soutien ou un guide pour les professionnels par manque de temps, de compétences ou de connaissances des personnes en situation de handicap sévère. Le turnover des professionnels concerne également les responsables (cadre de santé ou cadre éducatif). Ceux qui restent « résistent » mais ne sont pas non plus épargnés par un éventuel épuisement professionnel face à une hiérarchie qui peut être intransigeante, voire maltraitante. Lorsqu'une direction ne prend pas soin de ses cadres, les cadres eux-mêmes éprouvent des difficultés à prendre soin des professionnels, et que dire de l'impact des professionnels sur les personnes qu'ils accompagnent...

Mais prenons le temps pour conclure que dans tout ce marasme actuel, il existe (encore) des établissements dans lesquels la dynamique et la culture s'inscrivent dans *le prendre soin* : une direction bienveillante, des cadres compétents à l'écoute des professionnels, proches des personnes accueillies et de leurs familles. Les professionnels que je rencontre sont majoritairement motivés et soucieux de mieux comprendre les personnes qu'ils accompagnent et aident quotidiennement.

L'approche de la stimulation basale prend soin des professionnels parce qu'elle vient, dans ce temps suspendu de rencontres, d'éprouvés et de réflexions communs, puiser ce qui anime chaque accompagnant au plus profond de son être. Sans artifice, elle vient questionner la relation dans son authenticité, la richesse de l'être, la singularité et la vulnérabilité dans la rencontre.

5. Approche systémique et Approche basale

Observer : ça s'apprend

Lorsque nous observons, la neutralité n'existe pas, l'observateur fait partie de l'observation qu'il fait : « L'observateur ne peut pas exister indépendamment du système observé »[60]. L'enseignement de l'approche systémique que j'ai reçu de Mony Elkaïm a profondément modifié ma façon d'enseigner l'approche de la stimulation basale. Dès le début de formation de thérapeute, j'avais perçu des liens très étroits et pertinents entre la posture du praticien en stimulation basale et celle du thérapeute systémicien.

Ma rencontre avec Mony Elkaïm[61] a été déterminante, elle a modifié ma façon d'intervenir en tant que formatrice auprès des professionnels que je forme. Lors de notre première rencontre (entretien pour suivre le cursus de formation en 2019), il m'a questionnée sur l'approche basale qu'il ne connaissait pas du tout. Il voulait absolument comprendre ce qu'était la stimulation basale. Cet entretien était pour moi très important car je souhaitais intégrer la formation. Je ressentais une certaine pression et sa question m'a littéralement surprise. Je lui ai alors parlé très spontanément de rencontre.

C'est alors qu'il m'a raconté les trois rencontres déterminantes dans son parcours professionnel (de l'école de Palo Alto à plus récemment). À la fin de l'entretien, j'étais très perplexe sur l'issue positive d'intégrer le cursus. Nous avions évoqué principalement cette histoire de rencontre. Mony Elkaïm a ponctué notre

---

[60] ELKAÏM M., Si tu m'aimes, ne m'aimes pas, p.13, éditions du Seuil, 1989
[61] Mony Elkaïm (1941-2020) est neuropsychiatre, psychothérapeute, auteur et principale figure emblématique et européenne de la thérapie familiale

entretien en me disant : « je pense avoir cerné l'approche basale et je pense que tu as toute ta place dans le groupe de Mes étudiants. »

Les différents outils théoriques de la systémique que j'ai appris s'entrecroisent avec les modèles théoriques et la philosophie de la stimulation basale. Les modèles de la stimulation basale (les perceptions de base, le schéma de la globalité, les thèmes essentiels, les cercles d'orientation et de perception) sont le socle d'une meilleure compréhension de la personne en situation de handicap sévère. Un modèle est un terme générique qui désigne une représentation simplifiée d'un système, d'un objet ou d'une réalité complexe[62]. Il est synonyme de *théorie* avec une *connotation pratique.* Plus précisément, le modèle est une théorie vers l'action qu'elle doit servir. L'application des modèles de la stimulation basale n'est pertinente que si l'observation l'est également.

Accompagner des personnes en situation de handicap sévère nécessite dans un premier temps de comprendre qui elles sont dans leur globalité (la personne, son histoire, sa famille) et non pas ce qu'elles sont (le handicap). Se limiter à définir le handicap d'une personne ne peut en aucun cas nous aider à comprendre ce que vit la personne et comment nous pouvons l'accompagner au plus près de ses besoins et de ses compétences. Lorsqu'on découvre le polyhandicap, il n'est pas simple au premier abord de comprendre la complexité et l'intrication des multiples déficiences qui le caractérisent. L'observation est alors fondamentale afin de ne pas poser trop vite « une étiquette »

---

[62] Définition du dictionnaire Larousse

qui caractérise la personne. Ce n'est pas toujours l'accumulation d'informations qui fait la pertinence d'une bonne observation.

En formation, lorsque les accompagnants décrivent la situation d'une personne, la première chose qu'ils disent d'elle, ce sont ses déficiences, ses troubles, ses incapacités (elle ne parle pas, elle ne marche pas, elle a des troubles du comportement, des troubles autistiques, etc.). Identifier ou nommer est rassurant mais ce n'est pas suffisant. Lorsque Mony Elkaïm évoque l'implication de l'observateur dans son observation et le système dans lequel l'un et l'autre appartiennent, il évoque la question de la perception qui est un des trois éléments fondamentaux de la stimulation basale (perception, mouvement et communication). Il n'y a pas de perception objective. Lorsque nous observons, il existe toujours une dimension subjective. Une observation fine et rigoureuse évitera de tomber dans le piège du « trop » de subjectivité (ce que nous voyons est la réalité) et du « trop » de certitudes (ce que nous croyons est la réalité).

Agrandir notre focale

Cette dimension subjective dans l'observation ne peut être ignorée. La plupart du temps, nous n'en avons pas conscience. En règle générale, nos ressentis sont souvent adaptés et justes mais comment les accueillir, les comprendre et les « utiliser » de façon circulaire et non linéaire afin de ne pas tomber trop vite dans l'interprétation ? La stimulation basale propose d'agrandir la focale (*métaphore de l'appareil photo qui permet une vision élargie du problème ou de la problématique de la personne*) en proposant un travail minutieux d'observation sur les compétences et les difficultés de la personne, et celles de l'accompagnant.

Quand un accompagnant dit d'une personne polyhandicapée qu'elle a des troubles autistiques. Qu'en entend-t-elle par là ? Quelle représentation en a-t-elle ? Lorsque je demande de préciser la problématique, on m'énonce : « il crie toute la journée, on n'en peut plus ! », « elle se mord quand elle n'obtient pas ce qu'elle veut », « il se déshabille en permanence », « il joue avec sa salive », « elle nous agrippe ! », « il nous repousse quand on le touche », etc.

Si je reprends l'exemple assez fréquent de « il crie toute la journée, on n'en peut plus ! » Je demande à l'accompagnante des précisions concernant la situation qu'elle a choisie. Les échanges sont relatés ci-dessous dans ce que j'appelle des *Brèves de terrain*. Les prénoms des personnes présentées ont été modifiés pour la plupart d'entre elles.

Ces brèves de terrain illustrent les thèmes essentiels[63] définis par Andreas Fröhlich. L'auteur les a réfléchis dans une perspective humaniste, ils concernent l'être humain dans sa globalité, avec ou sans handicap. Ainsi, en partant de la situation et de l'état de la personne concernée, il s'agit d'identifier le thème qui revêt une importance primordiale pour la personne. L'auteur insiste, à travers ces thèmes, sur l'importance de prendre en compte la globalité de la situation et non pas seulement des actions individuelles et isolées. Nous avions développé ces thèmes dans notre précédent livre au sujet du projet d'accompagnement[64].

[63] FRÖHLICH A., BIENSTEIN C., Basale Stimulation® in der Pflege, Die Grundlagen, 8. Auflage, Hogrefe Verlag, 2016

[64] ROFIDAL T., PAGANO C., Projet individuel et Stimulation Basale, vers une pédagogie de l'accompagnement de la personne en situation de polyhandicap, éditions Erès, 2018

Ces dix thèmes créés à partir de 2010 par Andreas Fröhlich sont :

- Préserver la vie et ressentir son développement *(brèves de terrain n°7)*
- Percevoir son unité corporelle *(brèves de terrain n°2)*
- Vivre la sécurité et établir la confiance *(brèves de terrain n°1)*
- Trouver et développer son propre rythme *(brèves de terrain n°8)*
- Faire l'expérience du monde extérieur *(brèves de terrain n°5)*
- Faire des rencontres et établir des relations *(brèves de terrain n°2)*
- Donner un sens et trouver une signification *(brèves de terrain n°4)*
- Découvrir le monde et se développer *(brèves de terrain n°9)*
- Être acteur de sa propre vie *(brèves de terrain n°3)*
- Vivre l'autonomie et la responsabilité *(brèves de terrain n°6)*

À la lecture de ces thèmes, quel est votre thème actuel ? Qu'est-ce qui est le plus important dans votre vie en ce moment ? Comment le vivez-vous ? Qu'est-ce qui vous aiderait ?

Brèves de terrain n°1 : vivre la sécurité et établir la confiance

Une aide-soignante présente la situation de Pierre âgé de 45 ans en situation de polyhandicap. Elle le présente comme quelqu'un qui a des troubles autistiques, elle aimerait savoir comment faire pour qu'il arrête de crier.

Pourquoi nommez-vous ces comportements des troubles autistiques ?

Parce que ses cris sont insupportables pour tout le monde et qu'il fait toujours ça.

En quoi cela est aidant pour vous de nommer ce comportement un trouble autistique ?

Je ne sais pas vraiment, on nous a dit que cela faisait partie de sa pathologie, qu'il avait des TSA (troubles du spectre autistique).

Avez-vous observé à quel moment de la journée Pierre ne crie pas, même si j'entends que pour vous, il crie toute la journée ?

Oui, en fait, il crie surtout quand il ne se passe pas grand-chose autour de lui, comme il est en fauteuil et qu'il ne peut pas se déplacer seul, il crie surtout dans des « entre-deux » comme par exemple, après le petit-déjeuner ou après le repas ce midi ou à la fin d'une activité ou même le soir en attendant le taxi.

Cela augmente considérablement le temps où il ne crie pas finalement. Qu'en déduisez-vous ?

Je me rends compte qu'il crie beaucoup dans les temps de transition, quand il ne se passe rien, peut-être que cela le stresse de ne pas savoir ce qui va se passer pour lui au fur et à mesure de la journée.

Vous évoquez la question de la temporalité et le rythme de la journée. Nous pouvons peut-être émettre l'hypothèse que Pierre a besoin d'être rassuré. Et pour vivre la sécurité et établir la confiance (thème essentiel), il a peut-être besoin de comprendre ce qu'il vit au quotidien, de pouvoir anticiper ces différents temps de la journée afin de mieux les appréhender. Comment pourriez-vous l'aider ?

Ah, je n'avais pas vu ces choses sous cet angle, si je comprends bien, vous pensez qu'il crie parce qu'il est angoissé par manque de repère ?

C'est une hypothèse qui demande à être vérifiée. En structurant un peu plus le déroulement de sa journée, vous pouvez réfléchir en équipe à ritualiser les débuts et les fins de chaque temps du quotidien mais également ceux de la rencontre (principe des trois temps) pour lui permettre de mieux comprendre ce qu'il vit au quotidien. Cela peut être une première piste intéressante à explorer.

Oui en effet.

Que pensez-vous maintenant du fait qu'il crie tout le temps ? Le voyez-vous toujours comme un problème ?

Oui, quand même, il ne va pas s'arrêter de crier du jour au lendemain, il a pris l'habitude de crier. Et je ne sais pas comment faire pour qu'il arrête de crier.

Est-ce que ce n'est pas une compétence finalement ? Pierre a trouvé le moyen de vous faire comprendre qu'il est angoissé dans un contexte particulier que vous avez très bien identifié. Finalement, c'est plutôt positif quand il crie, il essaie de vous dire quelque chose qu'il ne peut pas dire autrement, c'est sa façon de communiquer.

Ah, oui, je n'avais pas réalisé que crier pouvait être une compétence plutôt qu'une difficulté. En fait, je réalise que c'est moi qui suis en difficulté car souvent je ne sais pas comment réagir.

Ce qui peut vous aider, c'est de comprendre qu'il a une bonne raison de crier, de le lui dire et de lui expliquer que vous allez faire de votre mieux pour l'aider.

Le thème essentiel - Vivre la sécurité et établir la confiance – signifie qu'un individu fait l'expérience de la sécurité lorsqu'il peut anticiper et s'adapter aux situations qu'il vit. Vivre la sécurité physique et psychique est fondamentale pour tout être humain. Le lien d'attachement décrit par Bowlby (1951) montre que, dès notre naissance, nous ressentons le besoin de nous rapprocher d'une personne particulière (appelée figure d'attachement) dans des situations potentiellement anxiogènes ou dangereuses. Ce processus a donc essentiellement une fonction adaptative et constitue un besoin social primaire. Ce lien qui se tisse progressivement en quelques mois entre le bébé et ses figures d'attachement (la mère, le père ou un substitut parental) permet de développer un attachement *sécure.*

Lorsque la situation, l'environnement humain ou matériel deviennent potentiellement dangereux, l'individu réagit par un stress plus ou moins important. Le stress se définit comme « *une réaction reflexe biologique, physiologique et psychologique d'alarme, de mobilisation, de défense de l'individu face à une agression, une menace ou une situation inespérée »[65].* Ces réactions de stress peuvent être adaptées, indésirables, inadaptées ou traumatiques. Le stress simple est normal, immédiat et éphémère, sans incidences. Lorsqu'il est indésirable, il produit des décharges émotives intenses (pleurs, rires, vomissements, tremblements, agressivité, manifestations neurovégétatives, etc.).
En cas de stress inadapté, l'intensité, la répétition ou la durée excessive vecues par l'individu peuvent se manifester principalement par une incapacité à percevoir, à s'exprimer, à s'orienter, un repli sur soi, une prostration ou une agitation, une fuite, etc.

---

[65] PERRONE R., Le syndrome de l'ange, considérations à propos de l'agressivité, ESF, p.89, 2013

Lorsqu'il est traumatique, les séquelles peuvent être multiples et, à long terme, se manifester par des troubles transitoires plus ou moins intenses (anxiété, dépression, reviviscence, amnésie, etc.). Le sentiment de sécurité et le lien de confiance sont les bases indispensables de la relation lorsque l'on prend soin des personnes en situation de grande dépendance et vulnérabilité. Mais le lien de confiance réclame du temps et de la constance dans la relation. Cet aspect est développé dans le troisième chapitre consacré aux espaces de rencontre.

La difficulté majeure lorsque nous accompagnons des personnes en situation de handicap sévère est l'absence de langage verbal pour une grande majorité d'entre elles. Lorsque le langage verbal est présent, il se limite souvent chez la personne polyhandicapée, à quelques mots, des syllabes, des sons, des cris ou des onomatopées. Or, la communication verbale est notre mode usuel et habituel. Nous devons apprendre à communiquer autrement avec les personnes que nous accompagnons. Lorsque les compétences cognitives, motrices et sensorielles permettent de proposer des supports de communication adaptés, comme par exemple, la Communication Alternative Améliorée (CAA)[66] ou Makaton ; ces outils facilitent la communication, la compréhension et la relation. Cependant, certaines personnes en situation de handicap sévère n'ont pas accès à ces supports de communication. Elles ont des difficultés à comprendre et à se faire comprendre. La stimulation basale propose d'utiliser le toucher, aspect essentiel de la communication non-verbale comme un dialogue rendu possible non par les mots mais par le mouvement et le toucher. Andreas Fröhlich l'a appelé *le dialogue somatique*. En partant du principe *qu'on ne peut pas ne*

---

[66] CATAIX-NEGRE E., Communiquer autrement, éditions Deboeck supérieur, 2017

pas communiquer (Watzlawick, 1972), la communication basée sur le corps intègre ce dialogue somatique et nécessite une observation très fine par l'accompagnant. L'exemple cité ci-dessus montre que si les accompagnants se focalisent sur le problème ou le symptôme (il crie), la compréhension de la situation reste sur un mode linéaire dont l'objectif principal sera de trouver une solution au problème (arrêter de crier). Mais si nous contextualisons le problème en agrandissant la focale, un autre sens peut apparaitre, différent de celui qui au premier abord « saute aux yeux ». Ainsi crier ne se réduit pas uniquement à ce qui s'entend et à ce qui attire l'attention ou provoque l'agacement. En émettant l'hypothèse que le cri de cette personne a certainement une fonction, c'est déjà la reconnaitre et ensuite la prendre en compte dans un système global (elle ne crie pas pour le plaisir de crier ni pour le plaisir d'agacer les accompagnants mais parce qu'elle vit une situation stressante). Finalement, le comportement de cette personne est adapté au contexte insécure qu'elle vit chaque jour.

Émettre des hypothèses ou des pistes de travail est un des principes fondamentaux dans la stimulation basale. Une hypothèse est « *une supposition non prouvée, acceptée à l'essai pour servir de base à une investigation ultérieure, dont on peut obtenir une vérification ou une réfutation* »[67]. Proposer des hypothèses permet un travail de co-construction (*ne pas faire pour mais faire avec*), elles permettent d'agir sur nos représentations et notre perception de la réalité (*connotation positive du problème*), elles restent flexibles et permettent d'être en mouvement (*dynamique dans la réflexion d'équipe*).

---

[67] SELVINI PALAZZOLI M., Paradoxe et contre-paradoxe, éditions ESF, 4 e édition, p.143, 2017

Perception et carte du monde

La perception est un processus qui permet, dans un premier temps, de détecter une sensation provoquée par différents stimuli (somesthésiques, visuels, auditifs, gustatifs et olfactifs) grâce à des récepteurs sensoriels situés à la surface ou à l'intérieur du corps ; puis de traiter l'ensemble des informations reçues par les aires spécifiques de notre cerveau afin de construire une représentation de l'objet ou de la situation vécue et enfin d'intégrer tout ce qui est vécu au niveau sensoriel pour en faire une expérience personnelle (en lien avec nos émotions) et une représentation de soi-même et du monde (en lien avec la cognition)[68].

Notre rapport au monde est lié à la perception que nous nous faisons de ce monde. Ainsi, toute réalité est subjective. Lorsque le philosophe Alfred Korzybski énonce : « *Une carte du monde n'est pas le territoire* »[69], il nous invite à réfléchir à notre propre représentation du monde (la carte) et la réalité de ce monde (le territoire). Une carte est toujours plus simple qu'un territoire dans le sens où ce que nous percevons du monde dans lequel nous vivons ne reflète pas LA réalité mais NOTRE réalité. Nos représentations sont elles-mêmes influencées par notre vécu, nos expériences, nos connaissances, nos valeurs, nos croyances, etc. Il y a donc autant d'individus que de cartes du monde, chacun percevant à sa façon. Dans le cadre de la thérapie familiale et systémique, Mony Elkaïm s'est inspiré des travaux de Korzybski et a développé dans un livre dont le titre est très explicite[70] cette idée de *carte du monde,* qu'il a renommé

---

[68] PAGANO C., La stimulation basale, c'est quoi ? p.29, CoolLibri, 2022
[69] KORZYBSKI A., Une carte n'est pas le territoire, éditions de l'Éclat, 2007
[70] ELKAIM M., Si tu m'aimes, ne m'aime pas, éditions du Seuil, p.28, 1989

ensuite *construction du monde* (ce que je crois) qui s'oppose parfois *au programme officiel* (ce que je pense, ce que je veux ou ce que j'affirme).

Les deux brèves de terrain (n°2 - n°3) suivantes illustrent nos « cartes du monde ».

Brèves de terrain n°2 : Percevoir son unité corporelle / Faire des rencontres et établir des relations

Situation de Florence présentée par M., Directrice d'un établissement accueillant des personnes en situation de polyhandicap.

Florence est née prématurément (27 semaines), la grossesse s'est bien passée selon sa maman. Elle a été hospitalisée pendant trois mois et placée en couveuse dès sa naissance. Elle est atteinte d'une déficience intellectuelle profonde. Elle se déplace seule malgré une hémiplégie droite partielle. Elle utilise sa main gauche, la droite étant utilisée lors de recherche de stimulations. Florence a 44 ans. Lorsque je fais sa connaissance, elle en a 35. Elle est accueillie au sein de notre établissement depuis l'âge de 22 ans.

« Bulldozer », c'est ainsi que les professionnels la surnomment lorsqu'ils me la présentent, suivi de mise en garde : « Faites attention à vous, elle mord, elle pince, elle se tape le front sur les murs, elle donne des coups de tête, d'ailleurs, ceux professionnels sont en accident de travail ».

Moi : « Que dit-elle ? »

Les accompagnants : « Heu, ben rien, vous savez, elle a toujours été comme ça. C'est tout le temps comme ça. On a tout essayé. On est épuisé, on a juste peur de se prendre un mauvais coup. »

Ils ont peur de se prendre des coups. Dès lors, leur intérêt premier est de satisfaire les besoins primaires rapidement (manger, boire, propreté). Il n'est pas question de se rencontrer mais bien de faire au plus vite face à « ce bulldozer » au comportement « chaotique, sidérant ».

Ils s'occupent donc de Florence sans être présents à elle. Leur langage corporel (analogique) montre qu'ils ont envie d'en terminer au plus vite, de ne pas être là. Leurs mots sont en inadéquation avec ce que leur corps donne à voir : « Je vais m'occuper de toi » / « Je n'ai pas le choix et j'ai peur de tes coups ».

Ils n'ont plus la capacité de vérifier comment elle se sent, de lui proposer un toucher de qualité. La proximité laisse place à une distance de sécurité qui ne favorise plus la rencontre.

Il n'y a pas d'indifférence ni de malveillance, juste un constat, une certitude : Florence mord, donne des coups de tête, s'automutile (terme utilisé par les accompagnants). C'est Florence et c'est ainsi que les professionnels l'identifient.

Dès ma prise de fonction au sein de l'établissement, je vais à la rencontre de Florence chaque matin à 7 heures. D'abord c'est un timide bonjour à distance, puis, un matin, elle jette un coup d'œil dans ma direction et se dirige vers sa chambre. Je lui propose de l'accompagner. Elle s'assied sur son lit et saute, je m'assieds à mon tour et je saute avec elle. Elle s'arrête, me regarde, saute de nouveau, je l'imite. S'ensuit un échange de regard puis Florence se lève et quitte sa chambre. Ce jeu devient petit à petit un rituel quotidien puis se transforme au fil du temps.

Elle se réveille seule dès 5 heures. Elle sort de son lit et de la chambre qu'elle partage avec une autre résidente. Elle déambule dans les couloirs, crie, chante, tape sur des objets durs, se tape le front contre les murs, saute, se cabre. Elle réveille l'ensemble des résidents de son unité. Les actes de la vie quotidienne tels que la toilette et l'habillage relèvent « d'un combat » entre le professionnel qui passe l'essentiel de ce temps à esquiver les coups, les sauts et les morsures. Les repas sont pris à une table seule avec un accompagnant qui lui remplit la cuillère qu'elle vide rapidement. Quelques accompagnants lui proposent des promenades dans le parc. Le reste du temps, elle erre dans l'établissement en marmonnant, en criant, en chantant, en sautant. Elle se cogne tellement fort le front que des taches de sang signent sur les murs son passage. Sa relation aux autres résidents et professionnels se fait par le biais de coups avec ses mains ou avec son menton. Les résidents la craignent, ceux qui peuvent la fuir prennent soin de l'éviter. Sa communication est essentiellement expressive : elle rend compte d'un état.

Pour rencontrer Florence, il a été nécessaire de rompre avec nos propres représentations, perceptions, de comprendre son mode de communication.

En effet, de nombreux professionnels verbalisent leur malaise et leur sentiment d'avoir été jusque-là, « des mauvais professionnels », « des professionnels maltraitants » puisqu'incapables de comprendre réellement ce que vivent, ressentent les personnes qu'ils accompagnent. Ils ont fait preuve de résilience et se sont vite approprié « cette nouvelle approche » qui leur a permis de modifier leur regard quittant ainsi une posture « frontale, dominante » au profit d'une posture « basse, symétrique ». Ce changement d'angle d'approche nous a permis de parler de symétrie dans la relation soignant/soigné, celle-là même qui permet la « vraie » rencontre car elle considère la personne vulnérable comme sujet à part entière dans la relation. Je fais régulièrement référence à notre carte du monde qui nous est propre.

En effet, intégrer cette notion permet de comprendre que toute réalité est subjective, et que la vérité n'existe pour personne, elle est propre à chacun d'entre nous. En fait, il n'existe pas une carte du monde, mais autant de cartes du monde qu'il y a d'individus.

Sur le plan professionnel, il est nécessaire de « ranger tendrement tout contre soi » notre carte du monde au profit d'une carte du territoire mettant le focus sur les expériences personnelles propices à l'empathie, les compétences, la technique, le partage et l'échange de savoirs qui favorisent la rencontre et permettent à une équipe pluriprofessionnelle de travailler en interdisciplinarité. Plus spécifiquement, cet exercice permet à chacun d'entre nous d'éviter de mettre en place une relation frontale, de prendre conscience des liens et boucles relationnelles en jeu dans la relation. Nous pouvons alors parler d'éthique au quotidien.

Une relation privilégiée s'est construite entre Florence et A. (professionnelle sur l'unité). A. ne rencontre aucune difficulté avec Florence, elle est la seule à parler d'elle de manière positive en termes de possibilités. Les autres professionnels en grande difficulté minimisent les propositions de A. allant jusqu'à l'accuser de mentir ou d'enjoliver la réalité.

Jusqu'à ce jour, nous attendions de Florence qu'elle « entre dans notre monde », adhère à notre langage, nos codes. La formation en stimulation basale de l'ensemble des professionnels a permis un changement radical de positionnement, de posture et de paradigme : « On peut affirmer que la vie et la faculté de communiquer ont presque la même valeur, voilà pourquoi la communication revêt une importance croissante dans notre compréhension du sens de l'existence humaine »[71].

Avec son vécu et à la lumière de l'approche, nous pouvons aisément comprendre son comportement. Pour se ressentir dans son corps, Florence a besoin de « l'éprouver » de façon persistante et

---

[71] FRÖHLICH A., Qualité de vie, l'accompagnement des personnes ayant un handicap grave, Recueil de textes. Institution de Lavigny, 1995, www.stimulationbasale.fr/les-publications/

plus intensément. Les morsures, les coups qu'elle s'inflige sont autant de tentatives pour se ressentir.

Elle est sans cesse en mouvement, elle déambule, saute. Elle en éprouve le besoin, se donne des sensations corporelles plus intenses, plus nettes. Ces autostimulations sont également présentes lorsqu'elle s'ennuie ! Elle crie, tape et se tape le front, les mains (notamment sa main droite – hémiplégie) contre des surfaces dures. Elle sautille, grince des dents, fait vibrer ses cordes vocales.

Les accompagnants ont changé leur manière de faire durant la douche et le coucher notamment. Ils lui proposent des stimulations vibratoires dans les temps du quotidien :

- Le bonjour : Au réveil dès qu'elle sort du lit, le veilleur lui prend les mains et saute avec elle ou tape fortement dans la main.

- La douche : Nous avons installé une pomme de douche à jets forts. Puis, recouverte d'un drap, c'est Florence qui passe le jet d'eau sur son corps. Pour la sécher, nous utilisons des pressions.

Le moment de la douche est devenu progressivement un temps agréable tant pour Florence que pour les professionnels qui ne craignaient plus de l'approcher. La douche basale lui a permis de mieux ressentir son corps, le percevoir et l'habiter autrement que par des autostimulations. L'application vigoureuse d'une crème pour sa peau sèche nous a permis de « redessiner » les contours de son corps.

- Le brossage des dents : Quasiment impossible avant l'utilisation d'une brosse à dent électrique, ce soin a obtenu l'adhésion de Florence après un temps d'apprivoisement nécessaire sous forme de jeu. Les professionnels se sont prêtés au jeu en apportant leur propre brosse à dents !

- Lors du coucher, nous avons tenté et obtenu son adhésion pour la border à l'aide du drap (sans trop serrer afin de préciser les limites de son corps). Ce moment jusqu'alors complètement désinvesti par les professionnels est devenu un joli moment d'échange de regard, de toucher, de rencontre, ô combien sécurisant pour Florence !

Toutes ces propositions ont eu un effet apaisant. Les actes de la vie quotidienne ont favorisé la rencontre. Le langage corporel de Florence et des professionnels s'est transformé.

Le thème essentiel - percevoir son unité corporelle – signifie que nous sommes capables de ressentir les informations perceptives de notre propre corps (différentes de celles reçues par l'environnement). Nous faisons très tôt l'expérience des différentes modalités sensorielles avant même notre naissance dont le toucher et le toucher-double (lorsque le fœtus touche son visage avec sa main, sa main est aussi touchée par son visage). Chaque changement de position, de pression et d'équilibre nous permet de ressentir, de situer notre corps dans l'espace et d'éprouver la perception de notre unité corporelle (ressentir son corps dans sa globalité). Au début de sa vie, le bébé ancre ses expériences quotidiennes dans son corps. La motivation première est d'une part satisfaire ses besoins primaires (être nourri, porté, câliné, sécurisé...) et d'autre part « agir sur le monde ». Les informations somatiques (ressentir son corps et son enveloppe corporelle), vestibulaires (ressentir son corps par le mouvement) et vibratoires (ressentir son corps en profondeur, son squelette) constituent une base nécessaire à la représentation de son propre corps, c'est-à-dire la conscience de soi. Ces perceptions de base, vécues in-utero, permettent à l'enfant de vivre des expériences simples et élémentaires visant à favoriser son développement de façon optimale dès sa naissance. Celles-ci se réfèrent aux perceptions les plus élémentaires de l'être humain. Le corps constitue la façon par laquelle nous sommes au monde, notre peau nous délimite du monde extérieur mais représente également notre surface de contact avec ce monde. Une immobilité prolongée, une forte hypertonie, ou à l'inverse, un très faible tonus modifie considérablement notre image corporelle. La monotonie induit une habituation qui ne permet plus de ressentir son corps (privation sensorielle). Proposer de vivre des expériences au quotidien dans ces trois domaines de manière structurée, simple et répétée permet aux personnes en situation de handicap sévère de « s'ouvrir » à un monde signifiant, rassurant, sécurisant et compréhensible qui leur donnent une place de sujet à part entière[72].

Le thème essentiel - faire des rencontres et établir des relations – signifie que nous sommes des êtres sociaux. Dès la naissance, le bébé développe des compétences qui lui permettent d'établir des relations (sourires, babillages, pleurs, cris, regards, mouvements des bras et des jambes, etc.) grâce, notamment à l'imitation, forme de communication primaire entre lui et sa mère : « *Dès les premières heures de la vie, l'enfant, selon, semble-t-il une prédisposition génétique, s'oriente préférentiellement vers les autres humains, spécialement sa mère, c'est là, la première ébauche de l'empathie selon laquelle, en imitant, on communique et on s'ouvre à la vie intersubjective* »[73]. L'attachement joue un rôle fondamental et majeur dans la régulation des états émotionnels et particulièrement dans le développement des compétences relationnelles du bébé. Au fur et à mesure du développement de ses compétences sensori-motrices et

[72] PAGANO C., La stimulation basale, c'est quoi ? CoolLibri, p.23, 2022

[73] DELAGE M., La vie des émotions et l'attachement dans la famille, éditions Odile Jacob, p.159, 2013

cognitives, l'enfant, puis l'adulte, est avide de découvrir son environnement matériel et humain, sa curiosité l'encourage à découvrir et à comprendre le monde qui l'entoure.

Lorsque nous accompagnons des personnes en situation de handicap sévère, nous devons apprendre à décoder leur façon de communiquer et d'établir des relations. L'aptitude du professionnel à être en relation avec une personne dépendante et vulnérable dans une juste proximité et une présence à l'autre est inhérente à sa fonction. Être ensemble au-delà du faire ensemble, c'est faire l'expérience d'un autre, semblable à soi, mais différent de soi.

Or, faire l'expérience d'un autre, en l'occurrence, une personne en situation de polyhandicap, peut s'avérer difficile. Tout professionnel sait combien la relation peut être asymétrique en raison des difficultés réciproques à trouver un langage commun, au-delà des mots. Au sens premier, la confiance évoque le « sentiment de quelqu'un qui se fie entièrement à quelqu'un d'autre ou à quelque chose »[74]. La confiance est fondamentale dans nos relations (familiales, amicales, amoureuses ou professionnelles). Celle-ci induit de pouvoir compter sur l'autre, elle induit également la réciprocité (être digne de confiance). Lorsqu'une personne est totalement dépendante de l'autre, a-t-elle le choix de faire confiance, choisit-elle ses relations ? Lorsqu'elle ose le faire clairement parmi les accompagnants, il n'est pas rare d'entendre qu'elle est « exclusive », qu'elle ne doit pas s'habituer ou trop « s'attacher ».

Ne ferions-nous pas la même chose ? Accepteriez-vous de « mettre à disposition » votre corps nu ou douloureux, à des

---

[74] Définition du dictionnaire Larousse

personnes que vous ne connaissez pas lors d'un soin, lors d'une toilette ? Leur feriez-vous confiance d'emblée ?

Lors d'une formation, une cheffe de service me dit : « *Nous accueillons régulièrement des personnes avec une paralysie cérébrale en accueil temporaire. Nous accueillons un jeune homme depuis quelques mois Il a osé me dire qu'il aimerait que la première rencontre avec un nouveau professionnel n'ait pas lieu dans une salle de bain lorsqu'il est dénudé sur un lit-douche. Je dois avouer que cela m'a bouleversée. Aujourd'hui, je suis très vigilante pour que cette situation se ne reproduise pas* ». Cette remarque soulève, de façon plus globale, la question de la rencontre dans les établissements qui sont pour une grande majorité de personnes leur lieu de vie principal, leur « maison ».

Au cours d'une journée, quel est le temps consacré à une rencontre que 'on pourrait qualifier de « gratuite » entre une personne et un accompagnant, se rencontrer, être en relation juste pour le plaisir de l'être, sans objectif éducatif, thérapeutique ou de soins ? Cette rencontre peut également être silencieuse, ne pas passer par les mots mais par une présence dans l'ici et maintenant, dans une spontanéité des échanges, des relations qui font la vie. Cette rencontre peut passer par un geste, un toucher : « *c'est toujours dans un mouvement d'écoute, un geste de la main, un appui dans le dos ou simplement par un regard, que l'on peut se sentir renaître, exister. Une éthique de la présence, peut-être* »[75].

Comme l'évoque Andreas Fröhlich, la rencontre peut revêtir différentes facettes (la joie, l'agacement, l'indifférence, etc.). Aujourd'hui, nous pouvons rencontrer quelqu'un en un clic sur

[75] THIEÛ NIANG T., Agapè, danser à l'hôpital, éditions Erès, p.22, 2022

la toile, nous pouvons « être en relation » avec une multitude de personnes en même temps ou tout le temps. Or, pendant la pandémie, nous avons réalisé que nous avions besoin de nous rencontrer physiquement, que rien ne remplaçait le contact et la chaleur humaine. L'approche de la stimulation basale tente de simplifier l'environnement de la personne, de le rendre plus accessible au niveau perceptif pour qu'elle puisse comprendre et utiliser les informations reçues et qu'elles deviennent signifiantes pour elle dans la rencontre : « *Quand la bonne rencontre me grandit, me rend meilleur ou m'ouvre au monde, la mauvaise me diminue, m'enfonce dans la dépendance ou m'isole* »[76].

Brèves de terrain n°3 : Être acteur de sa propre vie

Échanges dans le cadre d'une formation avec B., aide-soignante qui présente la situation de François.

Pouvez-vous me présenter la situation que vous avez choisie ?

> On a choisi la situation de François. Il a 54 ans, il est polyhandicapé. Il n'a plus de famille, il est accueilli depuis 10 ans à la Maison d'Accueil Spécialisée. On l'a choisi parce que les soins du visage sont difficiles, surtout le rasage, il s'agite, il crie. On aimerait savoir comment l'aider à accepter le rasage ?

Comment vit-il le toucher de façon globale ? Est-ce seulement le visage ou y a-t-il d'autres parties du corps qui sont difficiles « d'accès » ou difficiles à toucher ?

> Non, le corps, ça va, il ne dit rien, cela se passe bien généralement.

---

[76] PEPIN C., La rencontre, une philosophie, Pocket, p.77, 2021

Est-il différent selon la personne qui s'occupe de lui au moment du rasage ?

Ah non, il refuse généralement quelle que soit la personne. Il s'agite plus ou moins et on réussit plus ou moins à le raser.

Vous lui proposez un rasoir à main ou un rasoir électrique ?

C'est un rasoir manuel.

Avez-vous déjà essayé un rasoir électrique ?

Ah non.

Pour quelle raison ?

Sincèrement, je n'y ai jamais pensé. Mais on le rase deux fois par semaine comme il n'aime pas tous les jours.

Pourquoi le rasez-vous ?

Silence… je ne comprends pas votre question.

Est-ce indispensable de le raser aussi souvent ?

Ah oui, bien sûr.

Est-ce que quelqu'un lui a déjà demandé s'il souhaitait être rasé tous les jours ?

Silence… mais je ne pense pas qu'il soit capable de choisir.

Lui arrive-t-il de faire des choix au quotidien, des choix simples, ne serait-ce qu'une petite chose ?

Ah oui, le matin, si on lui montre deux pulls, il choisit le pull qu'il veut mettre en le regardant avec insistance.

Et si vous lui proposiez de choisir pour le rasage ? Le rasoir dans une main et rien dans l'autre ? pensez-vous qu'il pourrait choisir ?

Ah mais ce n'est pas possible ! Ça fait négligé de ne pas le raser !

De ne pas se raser, cela fait négligé pour vous ?

Bien sûr, ça n'ira pas.

Chez François ou chez les hommes en général ?

Non pour François !

J'en déduis donc que si un homme « ordinaire » ne se rase pas, laisse un petit duvet ou une barbe, vous l'acceptez mais chez une personne polyhandicapée, ce n'est pas envisageable ?

Silence…ce n'est pas possible, François salive beaucoup, ce n'est pas hygiénique et il bouge beaucoup, sa barbe ne serait pas belle, cela ferait négligé.

Auriez-vous le sentiment de négliger votre travail de soignante ou de ne pas faire votre travail correctement aux yeux de vos collègues si François n'était pas rasé ?

Silence…oui, en fait, c'est ça, j'aurais le sentiment de ne pas avoir bien fait mon travail et de n'avoir pas pris soin de François. Mais je prends conscience que je ne lui ai jamais posé la question. Finalement, nous, l'équipe, on ne lui a jamais laissé le choix. C'est horrible.

Ce que j'entends, même si vous ne lui avez jamais laissé le choix, c'est que vous avez le souci de prendre soin de François. Vous avez tenu compte en partie de son refus d'être rasé en espaçant les temps de rasage. Deux fois par semaine, c'est mieux qu'une fois par jour.

Le thème essentiel - être acteur de sa propre vie - implique la notion d'agir, être actif. Lorsque nous ne sommes plus actifs, nous devenons passifs. Passif, au sens étymologique, signifie « qui subit ». Ainsi, agir permet de ne pas ou de ne plus subir. Selon Raynaldo Perrone, il existe cinq positions existentielles de l'être humain : s'imposer, s'affirmer, s'intégrer, exister et grandir en lien avec l'agressivité personnelle et le degré d'intériorisation de la loi. Celles-ci sont toutes liées à la manifestation de l'agressivité, besoin fondamental, souvent confondu avec le terme agression : « *il apparait que tout organisme vivant dans certaines conditions défavorables peut manifester de l'agressivité et que celle-ci est nécessaire pour conserver la vie. [...] Cette force vitale s'exprime dans tous les échanges qui concernent la définition du territoire personnel et dans les actions qui visent à l'affirmation de soi* »[77] :

- *S'imposer* permet à l'être humain, dès son enfance, de s'approprier l'espace où il se trouve (*sa chambre, ses jouets*), le lieu où il vit (*sa maison*), et les personnes qui lui sont proches (*sa maman, son papa, etc.*).

- *S'affirmer* est lié au besoin de se sentir reconnu par l'autre et de construire sa propre identité, socle de la confiance en soi.

- *S'intégrer* est un processus qui nécessite de confirmer sa propre identité : prendre conscience de ce que l'on est permet d'accepter les similitudes et les différences avec les autres (l'altérité) afin de pouvoir vivre ensemble.

- *Exister*, c'est être dans la réalité, être au monde, c'est vivre avec tout ce qui est nécessaire à la vie. C'est également compter pour quelqu'un afin de se sentir exister.

- *Grandir* évoque « le bon ajustement des capacités, compétences et expériences de vie [...] Grandir, présuppose être conscient et capable d'introspection »[78].

---

[77] PERRONE R., Le syndrome de l'ange, ESF, p.19, 2013
[78] PERRONE R., Le syndrome de l'ange, ESF, p.86, 2013

Ce thème est souvent mal compris par les accompagnants qui me demandent régulièrement : « *Comment une personne peut-elle être actrice de sa vie si elle est totalement dépendante ?* ». Lorsque la personne ne peut pas agir pour elle-même ou sur son environnement, nous avons l'obligation morale de la considérer comme un sujet de sa propre existence. Lorsque François choisit un pull en le désignant uniquement avec le regard, parfois avec insistance, il impose son choix à l'accompagnant. Cependant, il ne peut l'imposer que si au préalable l'accompagnant observe, identifie et utilise ses compétences afin qu'il soit à minima acteur de sa propre vie, qu'il puisse décider ce qui est bon pour lui, ce qui lui fait plaisir, ce qui le valorise ou ce qui lui permet d'exister. Le choix d'un pull peut paraître dérisoire mais chaque jour, nous choisissons nos vêtements avec minutie selon le temps, selon notre humeur, selon nos envies. Nous essayons parfois plusieurs habits avant de trouver le bon, celui qui nous permet de nous sentir bien dans notre corps et dans notre tête (une couleur ou une forme particulière).

Lorsque François tente de s'affirmer en refusant d'être rasé, son refus est vécu par les accompagnants non pas comme une affirmation de soi mais plutôt comme une opposition. Les accompagnants projettent leur représentation (*un homme polyhandicapé qui n'est pas rasé fait négligé*) et leur peur (*on peut me reprocher de ne pas bien faire mon travail*). Une personne en situation de handicap sévère, malgré la restriction de ses compétences cognitives, sensorielles et communicationnelles, peut revendiquer le droit à se sentir entendue et considérée dans ses choix, si ceux-ci ne nuisent pas à sa santé, sa sécurité, sa dignité ou son intégrité, même contraires aux valeurs ou aux croyances de ceux et celles qui prennent soin de lui : « *la souffrance n'est pas uniquement définie par la douleur physique, ni même la douleur mentale, mais par la diminution, voire la destruction de la capacité d'agir, du pouvoir-faire, ressenties comme une atteinte à l'intégrité de soi »*[79].

6. Des troubles du comportement aux comportements troublants

Le polyhandicap, quelques notions importantes

Nous disposons de plusieurs définitions du polyhandicap :

Celle du décret d'octobre 1989 (annexe XXIV ter) : *« handicap grave à expression multiple associant une déficience motrice et une déficience mentale grave entraînant une restriction extrême de l'autonomie et des possibilités de perception, d'expression et de relation »*. Elle indique bien que le polyhandicap n'est pas la somme de plusieurs handicaps, que la déficience mentale est toujours grave et que l'autonomie est toujours extrêmement réduite.

Celle des médecins : *« déficience cérébrale précoce grave »*. Il faut retenir de cette définition que le sujet polyhandicapé est atteint de lésions graves de son cerveau très tôt et que tout son développement se fera avec ces lésions.

Le polyhandicap est donc l'ensemble des déficiences liées directement ou indirectement à une lésion qui blesse le cerveau pendant sa phase de maturation ou de développement. On distingue classiquement, les atteintes du cerveau pendant la

---

[79] RICOEUR P., Soi-même comme un autre, Seuil, 1991

grossesse (atteintes anténatales, par exemple toutes les maladies génétiques), les atteintes du cerveau au moment de la naissance (atteintes périnatales, par exemple, les anoxies) et les atteintes du cerveau pendant les premiers mois de la vie, c'est-à-dire pendant la phase de développement accéléré du cerveau de l'enfant (atteintes postnatales, par exemple les maladies infectieuses du cerveau de l'enfant).

Chez la personne polyhandicapée, il est important de distinguer deux types de déficiences qui sont liées et interdépendantes. D'une part, les déficiences regroupées dans le handicap primaire : déficiences intellectuelles, déficiences motrices, déficiences sensorielles et épilepsie. Le handicap primaire est directement en rapport avec les lésions cérébrales. Les déficiences qui en découlent sont dues à ces lésions fixées, irréversibles et ne peuvent donc pas guérir. D'autre part, d'autres déficiences, spécifiques de la personne polyhandicapée viennent composer le handicap secondaire. Il s'agit de la somme de tous les problèmes de santé qui compliquent les déficiences du handicap primaire : problèmes orthopédiques, problèmes respiratoires, problèmes digestifs, problèmes nutritionnels, etc.

Une dernière définition proposée par le Groupe Polyhandicap France[80] est essentielle : « *Le polyhandicap est une situation de vie spécifique d'une personne présentant un dysfonctionnement cérébral précoce ou survenu en cours de développement, ayant pour conséquence des perturbations graves, multiples et évolutives de l'efficience motrice, perceptive et cognitive et de la relation avec l'environnement physique et humain* ».

---

[80] http://gpf.asso.fr/le-gpf/definition-du-polyhandicap

Elle souligne donc que le polyhandicap, comme tout handicap n'est pas une maladie mais une situation de vie ; que le cerveau de la personne polyhandicapée fonctionne mal depuis le début de son développement et que les conséquences de ce mauvais fonctionnement sont graves, multiples et évolutives. Il faut ajouter qu'elles se potentialisent les unes les autres et portent l'enfant polyhandicapé en permanence au bord de cercles vicieux ; qu'elles gênent l'enfant pour bouger, percevoir et comprendre le monde qui l'entoure, le monde des objets et le monde des personnes.

Cette définition ajoute encore : « *Il s'agit là d'une situation évolutive d'extrême vulnérabilité physique, psychique et sociale au cours de laquelle certaines de ces personnes peuvent présenter, de manière transitoire ou durable, des signes de la série autistique.* »

Le dysfonctionnement cérébral précoce de l'enfant polyhandicapé entraîne des conséquences graves, multiples et évolutives qui perturbent sa relation avec le monde environnant. Donc, du fait de la situation de polyhandicap, la personne (enfant ou l'adulte) a du mal à comprendre le monde extérieur des objets (environnement physique) et des personnes (environnement humain). Et face à ces difficultés, soit on la laisse dans cette incompréhension et elle se replie dans son monde ; soit on l'aide à comprendre ce qu'elle vit grâce à un projet d'accompagnement qui fait sens pour elle.

Des troubles du comportement aux comportements troublants

Les personnes se replient dans leur monde (*être dans sa bulle*) parce qu'elles ne trouvent pas de repères dans un monde qu'elles ont du mal à comprendre. On peut ainsi penser qu'elles créent, dans leur monde, des repères qui ont du sens pour elles (stéréotypies, autostimulations, auto-agressivité) mais qui n'en ont pas pour nous (puisqu'on ne perçoit pas le monde comme elles). On parle alors de troubles du comportement. Mais comme nous le suggère la deuxième partie de la définition citée plus haut, ces troubles du comportement sont rarement inhérents à leur polyhandicap, rarement inscrits dans les lésions du cerveau responsables de cette situation de polyhandicap, mais sont secondaires, conséquences de leur incompréhension de notre monde. D'autres mots, utilisés pour décrire ces troubles (traits psychotiques, Troubles Envahissants du Développement, Troubles du Spectre Autistique), sont encore des « étiquettes » qui nous aident peu dans notre accompagnement si on reste au stade de « ce qui nous saute aux yeux ».

Prenons le mot *Stéréotypie* : « C'est un ensemble de gestes répétitifs, rythmés sans but apparent. Ces comportements ont deux buts : favoriser l'évitement ou s'auto-stimuler »[81]. Favoriser l'évitement, autrement dit : « je suis dans mon monde, toute irruption imprudente pourrait fragiliser l'équilibre précaire que je me construis ». Mais nous pouvons remplacer le mot *stéréotypie* par le mot *autostimulation*.

Andreas Fröhlich nous dit que « *l'autostimulation est une solution d'urgence pour la personne handicapée, afin de se procurer un minimum de perceptions, en relation avec les besoins fondamentaux suivants : le besoin de changement, de proximité et de toucher* »[82]. Et Ursula Büker qui rapporte ces propos ajoute : « *Si l'on considère que ces comportements correspondent à une*

---

[81] https://fr.wikipedia.org/wiki/Stéréotypie_(psychiatrie)
[82] PAGANO C., La stimulation basale, à l'écoute des personnes en situation de handicap sévère, éditions Erès, p.148, 2020

nécessité intérieure de la personne qui les accomplit, on les reconnait alors en tant que compétence pour satisfaire un besoin »[83].

Autrement dit, tentons d'aller les rejoindre dans leur monde. Ces troubles sont rarement la cause, plus souvent la conséquence des déficiences liées au polyhandicap. L'image d'un vase[84] qui déborde aide à réfléchir sur ces « comportements-problèmes ». Ce vase correspond à l'état de tension psychique d'une personne en situation de handicap sévère. Au fond du vase, les difficultés sensorielles de la personne perturbent sa propre perception corporelle et celle qu'elle se fait du monde. Ensuite, ce qu'elle perçoit est perturbé par ses difficultés cognitives (à donner du sens à l'information perçue). Ajoutons qu'elle n'a pas la capacité de comprendre ce qu'on lui dit ou d'exprimer ce qu'elle ressent (difficultés dans les sphères communicationnelle, relationnelle et émotionnelle).

Ainsi, ces difficultés en s'additionnant créent une tension interne (le vase se remplit) et finissent par provoquer une explosion (le vase déborde). Souvent, les professionnels vont alors agir ou réagir sur ce qui est le plus visible (les difficultés éducatives), on voit alors fleurir des jugements de valeur : il est capricieux, méchant, agressif comme des étiquettes qui collent fort !

[83] BÜKER U., La Stimulation Basale et les troubles du comportement, reconnaissance et prise en compte d'une communication non-verbale, par Ursula Büker, https://www.stimulation-basale.fr/les-publications/ , 2013

[84] LEGAGNEUR A., DELAUNAY S., Comment évalue-t-on les troubles du comportement. Actes des 8° journées médicales, Rouen. Ed. CESAP, 2016

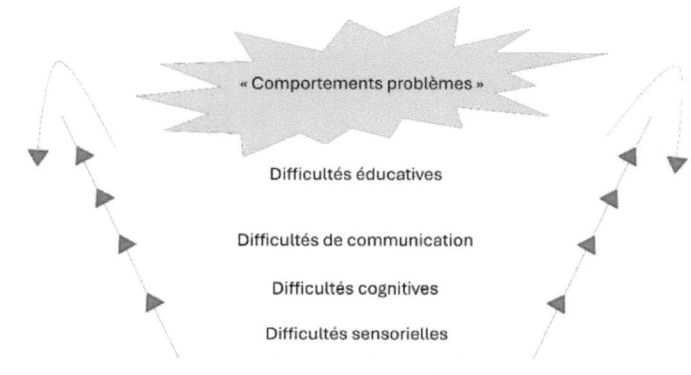

D'après LEGAGNEUR A., DELAUNAY S.

Dans son ouvrage de référence[85], Éric Emerson, professeur universitaire anglais, utilise les termes de « comportements-problèmes » ou « comportements-défis ». Ces comportements se manifestent chez des personnes présentant une déficience intellectuelle sévère et sont définis, selon Emerson, comme « *un comportement [...] d'une telle intensité, fréquence ou durée qu'il menace la qualité de vie et/ou la sécurité physique de l'individu ou des autres et est susceptible de mener à des réponses restrictives, aversives ou de donner lieu à l'exclusion [...]. Ce terme inclue l'agressivité, les penchants destructeurs, l'automutilation, les maniérismes stéréotypés et d'autres comportements qui peuvent porter atteinte à l'individu (par ex. manger des objets non comestibles), être un vrai défi pour les membres des équipes soignantes (par ex. l'opposition, les hurlements permanents, les troubles du sommeil, l'hyperactivité) et/ou être inacceptables en société (par ex. la régurgitation de nourriture, le maculage du corps par les excréments)* ».

---

[85] EMERSON E., EINFELD S., Les comportements-défis, analyser, comprendre et traiter, éditions Deboeck, 2016

Nous émettons 'hypothèse qu'une grande majorité des troubles du comportement manifestés par les personnes poly-handicapées sont surtout des comportements *troublants.* Réfléchir en termes de *comportement troublant* permet de tenter de penser, non plus de façon linéaire, mais de façon circulaire (afin d'agrandir la focale). Définissons le mot « trouble » : si l'on évoque une situation *trouble* se réfère à *des éléments cachés ou suspects ;* si l'on évoque une personne, *trouble* se réfère à la difficulté à cerner et à définir ce qui apparait comme louche. Une dernière définition est intéressante car elle évoque *un état d'agitation, d'inquiétude, de confusion ou d'émotion dans lequel se trouve quelqu'un*[86].

Qui est le plus troublé, déstabilisé, inquiet, voire démuni lorsqu'une personne polyhandicapée manifeste *un trouble du comportement* ? L'accompagnant ou la personne ? Face à ce comportement troublant, l'accompagnant peut l'interpréter comme *un trouble du comportement* et la personne le vivre comme *un comportement-langage.* Ainsi, ce qui est langage et communication pour la personne polyhandicapée est trouble ou défi pour l'accompagnant.

Lorsque le comportement troublant est langage

Dans l'approche basale, l'autostimulation est une compétence qui répond à un besoin chez la personne polyhandicapée, celui de retrouver un équilibre psycho-émotionnel dans une situation ou dans un contexte vécu comme insécure ou chaotique (combler le vide, l'ennui, éviter la surstimulation par trop d'informations ou de sensations - *trop de trop*) ; à se protéger face à des demandes ou des situations incompréhensibles ; à éviter

---

[86] Définition du dictionnaire Larousse

ou à s'opposer à une tâche, une activité ou une relation non consentie ou désirée ; à échapper à la privation sensorielle (se stimuler pour ressentir son corps ou se ressentir dans son propre corps) ; à obtenir de l'attention (appétence ou avidité relationnelle) ; à satisfaire sa frustration ; à rechercher ou se donner du plaisir ; à signifier une douleur physique ou psychique.

De façon plus générale, nous nous autostimulons sans en avoir toujours conscience, en rongeant nos ongles, en tortillant une mèche de cheveux, en agitant frénétiquement notre jambe ou en mordant un crayon. Nous y prêtons peu d'attention et ces manifestations sont acceptées socialement. Ces moments ne durent pas longtemps et s'estompent aussi vite qu'ils sont apparus car nous sommes capables de les autoréguler et de retrouver un état d'apaisement relativement vite.

Ces comportements d'autostimulation sont déjà très présents chez le jeune enfant polyhandicapé, sont souvent très intenses (se balancer, se mordre les mains, se taper la tête, crier, grincer des dents, etc.) et déconcertent les parents. L'autorégulation de ces manifestations est difficile car les enfants polyhandicapés rencontrent des difficultés à ressentir leur corps (manque d'expériences par le mouvement et le toucher) et de fait à le percevoir, à identifier et à gérer leurs émotions. Ainsi, l'autostimulation, par la répétition du geste, permet aux jeunes enfants de s'apaiser. Elle est souvent présente lorsque l'enfant n'est pas occupé. L'ennui, l'inactivité ou la difficulté à gérer les transitions (temps du quotidien, début et fin d'une activité ou d'une situation) sont souvent source d'angoisse. Afin de supporter ce « vide », l'enfant s'anime en se donnant des sensations corporelles fortes et répétitives en lien avec les perceptions de base : somatique (se frotter, se griffer…), vestibulaire (se balancer, tourner…) et vibratoire (se taper, se mordre, crier…) car « il est toujours préférable ce ressentir quelque chose que de ne rien ressentir »[87]. Face à ces comportements, les parents et les accompagnants constatent rapidement que les interdire verbalement ou les empêcher physiquement ne sert à rien et au contraire, les renforcent.

Accepter et reconnaitre l'autostimulation non pas comme un trouble du comportement mais comme un *comportement-langage*[88] nous incite à considérer ces manifestations comme une compétence et un mode de communication. Cette communication se manifeste essentiellement par le langage du corps. Les propositions à faire seront alors sur le même mode, c'est-à-dire par une expression corporelle et un toucher ciblé qui peut, selon les situations, s'accompagner de quelques mots apaisants. *Ressentir son corps et se ressentir soi-même dans son corps*[89] est la base indispensable de notre développement, il nous permet d'être actif, en mouvement, de développer notre curiosité à se découvrir et à découvrir le monde autour de soi, d'entrer en relation et de communiquer. L'approche basale propose que les temps du quotidien (la toilette, les soins, etc.) deviennent progressivement des temps où les parents ou les accompagnants touchent de façon « ciblée » le corps de l'enfant afin qu'il puisse associer ces touchers à des expériences positives. Certains enfants polyhandicapés, dès leur plus jeune âge, rencontrent des difficultés à être touchés ou à toucher. Ils mettent alors en place

---

[87] BÜKER U., Mais que fait donc mon enfant, un petit guide à propos de l'autostimulation, éditions Kilian Andersen, 2017

[88] BÜKER U., La Stimulation Basale et les troubles du comportement, reconnaissance et prise en compte d'une communication non-verbale, par Ursula Büker, https://www.stimulationbasale.fr/les-publications", 2013

[89] Cet item fait partie des 7 items du modèle théorique appelé *Schéma de la globalité* correspondant au développement de l'être humain.

des mécanismes de défense pour éviter ces sensations. Ceux-ci sont souvent interprétés à tort comme un refus.

Une hypersensibilité au toucher peut se manifester par des réactions de peur, de défense ou de colère. Cela se traduit souvent par des difficultés pour les parents à habiller ou à déshabiller leur enfant, lui donner un bain, le peigner, lui couper les ongles, lui laver les dents, lui faire un câlin, etc. Considérer ces réactions non pas comme des troubles du comportement mais comme des comportements-langage nous permet de nous décentrer de ce qui est visible au premier abord (il crie, il pleure, il tape, il mord) afin de mieux comprendre et aborder cette problématique en lien avec des difficultés de perception, de mouvement et de communication. On ne peut dissocier un comportement qui nous trouble de son contexte. Très ancrés chez l'adulte, ces comportements déstabilisent, voire épuisent les accompagnants et les parents. Nous insistons sur le fait que prendre en compte et comprendre l'autostimulation chez le jeune enfant en situation de handicap sévère peut avoir des effets positifs à long terme sur son activité d'autostimulation à l'âge adulte.

Une lecture du contexte et de l'environnement aide les accompagnants à penser et à agir non pas seulement sur le symptôme (il crie, il pleure, il tape, il mord) mais sur les circonstances ou les attitudes qui parfois alimentent ou renforcent le comportement troublant de l'enfant ou de l'adulte. La surstimulation en lien avec la difficulté de gérer les flux sensoriels (*trop de trop*) est très souvent un facteur déclenchant un comportement troublant : le bruit *(la télévision, la musique, les voix, les cris, les appareils ménagers, les portes qui claquent, les sonneries des téléphones, le rangement de la vaisselle, les jeux sonores, etc.)*, la lumière *(les lumières artificielles dont les néons ! les reflets du soleil, les différences de luminosité entre l'intérieur et l'extérieur, etc.)*, le tactile *(la température corporelle - des mains chaudes ou froides des accompagnants - la température de l'eau, des aliments, de l'air, le contact de l'eau sur la peau, sur la tête, le toucher, les ongles, les bijoux des accompagnants, les vêtements, etc.)*, les odeurs *(alimentaires, corporelles, les parfums, etc.)*, le mouvement *(une agitation autour de soi, les déplacements en fauteuil, en voiture, les transferts, etc.)*. À contrario, la forme passive de l'autostimulation qui se caractérise par le repli sur soi *(très peu de manifestations, un état de vigilance diminuée, les yeux souvent fermés, une position fœtale prolongée, etc.)* passe souvent inaperçue chez les accompagnants.

Brèves de terrain n°4 : Donner un sens et trouver une signification

L., aide-médico-psychologique, présente la situation de Nadia, une jeune femme âgée de 27 ans en situation de polyhandicap.

Pouvez-vous me présenter la situation que vous avez choisie ?

> Nadia est une jeune femme qui marche, elle est très envahissante, elle touche à tout, et lorsqu'on lui interdit de toucher, elle se met en colère en se tapant la tête fortement avec son poing. J'aimerais l'aider à ne plus se taper et qu'elle comprenne aussi qu'elle ne peut pas toucher à tout comme bon lui semble.

Lorsque vous dites : elle touche à tout, pouvez-vous me donner un exemple plus précis ?

> Par exemple, lorsqu'elle voit quelque chose sur une table, elle s'approche systématiquement très près pour toucher ce qui s'y trouve. Elle se coucherait presque sur la table pour tout toucher.

Est-ce qu'elle le fait dans d'autres circonstances ?

Elle fait la même chose sur nous, elle s'approche très près, se colle presque à nous, elle aime bien toucher les bijoux, mes boucles d'oreille par exemple parce que je ne porte pas toujours les mêmes.

Une fois qu'elle a touché, que fait-elle ?

Souvent, elle se frappe la tête après. De toute façon, vous pourrez l'observer parce qu'elle est très curieuse, quand on est en formation, elle vient toujours nous voir à la pause.

Je vous propose de reprendre cette discussion après la pause.

En effet, à la pause, Nadia entre dans la salle. Elle parait discrète, marche à petits pas « en crabe », son dos est très courbé, ce qui l'oblige à lever la tête lorsque quelqu'un s'adresse à elle. Je remarque qu'elle « tend » l'oreille plus qu'elle ne regarde la personne qui lui parle. Elle porte peu d'attention aux personnes qui sont présentes et se dirige vers la table. À ce moment-là, L. s'adresse à Nadia en lui disant : « alors non, non, je te vois venir, tu as vu la boite à gâteaux, ce n'est pas pour toi ». Ce discours est repris par une de ses collègues avant même que Nadia ait eu le temps de s'approcher de la table. L. retient délicatement alors les mains de Nadia et lui propose de sortir de la salle en lui expliquant que la formation va reprendre. Nadia se frappe alors fortement la tête à plusieurs reprises mais accepte de sortir de la salle… Nous débutons en reprenant le cours de la discussion concernant la situation de Nadia. Je demande aux professionnels présents à la pause de partager ce qu'ils ont observé de « la scène ».

M., AMP, nous dit : en fait, j'ai pensé à ce que vous nous avez expliqué ce matin sur l'observation et l'interprétation. J'ai essayé d'observer ce que faisait Nadia et la réaction de mes collègues. J'ai remarqué qu'elles anticipaient ce que Nadia allait faire et que L. ne lui a pas laissé e temps d'aller au bout de son action. Finalement, je me demande ce que Nadia ferait si on la laissait aller au bout de son idée. Je me permets de le dire car je me rends compte que je fais la même chose que mes collègues. Je l'empêche de faire mais je ne m'en rendais pas compte. J'ai toujours entendu dire qu'il fallait faire attention car Nadia touchait à tout.

C'est une très bonne remarque que je partage avec vous.
En m'adressant à L : Est-ce que vous avez déjà essayé de laisser Nadia aller au bout de son action (ou de son idée). Que se passe-rait-il si vous n'interveniez pas et si à la place d'interdire, vous la laissiez faire ?

Silence (L. réfléchit) ... Le problème, c'est qu'elle touche à tout, il faut toujours la surveiller.

Mais en quoi cela est un problème pour vous si elle ne fait que toucher ? est-ce qu'elle jette les objets, elle les met à la bouche, elle se met en danger ?

Non, elle ne les jette pas mais elle est très maladroite et elle risque de les casser ou de les faire tomber.

Vous aviez évoqué ce matin qu'elle aimait toucher vos boucles d'oreille, est-elle aussi maladroite ? tire-t-elle sur vos boucles d'oreille ?

Non, elle s'approche tout près de moi pour les regarder, elle se colle tout près de mon visage, je n'aime pas vraiment quand elle fait ça, elle les touche un peu et elle repart.

Vous êtes-vous demandé pourquoi elle avait besoin d'être si proche de votre visage ou de la table ?

Silence… non pas vraiment, je ne sais pas trop pourquoi elle fait ça.

Savez-vous si Nadia voit bien ? avez-vous remarqué sa façon de marcher et sa façon de regarder, de vous regarder ?

On se pose souvent cette question mais pas que pour Nadia, pour beaucoup d'autres, on se demande parfois ce qu'ils voient vraiment. C'est vrai qu'elle marche bizarrement. Et quand elle nous regarde, on dit souvent en rigolant qu'elle nous regarde « de travers ».

Peut-être que nous pourrions émettre l'hypothèse suivante qui demande à être vérifiée par une personne compétente dans les troubles neuro-visuels : Nadia a besoin de proximité physique pour appréhender visuellement son environnement, elle semble beaucoup utiliser ses mains, elle utilise ses mains comme une aide qui lui permet d'explorer et de découvrir son environnement et les objets qui s'y trouvent. Elle regarde « avec ses mains » car son champ visuel semble atteint, ce qui ne l'empêche pas de regarder. Elle peut parfois avoir un comportement qui vous trouble parce qu'elle « touche à tout » mais elle ne peut pas faire autrement. Lorsque vous ne la laissez pas regarder « avec ses mains », elle ne comprend pas, elle est frustrée, peut-être même en colère. Lorsqu'elle se frappe la tête, c'est la seule façon qu'elle a trouvé de vous faire comprendre sa frustration. Elle vous montre clairement qu'elle a mis en place des stratégies pour compenser ses problèmes visuels en utilisant un autre canal de perception, le tactile. Faites-lui confiance, faites-vous confiance, laissez-là explorer, toucher et observez ce qu'elle fait, peut-être même en l'aidant par la co-action active à toucher, à explorer, à manipuler les objets. Je suis (presque) convaincue qu'elle ne se frappera plus la tête...

Le thème essentiel - donner un sens et trouver une signification - signifie de façon globale que l'être humain a un besoin fondamental de donner un sens à son existence et à ses actions. Lorsque qu'un individu est touché par un évènement qui change brusquement et de façon irréversible sa vie, il a besoin de trouver ou retrouver un sens à ce qu'il vit quelle que soit la nature de cet événement (un accident, la perte de son travail, une séparation, un décès, une maladie, etc.). Les personnes en situation de handicap sévere peuvent éprouver une perte de sens lorsqu'elles vivent des situations en lien avec un changement familial important (séparation des parents, décès d'un parent ou d'un proche, déménagement, etc.) ou avec leur lieu de vie (changement de groupe, d'établissement, départs de personnes ou des accompagnants qu'ils appréciaient particulièrement, décès, etc.). Mais elles peuvent aussi éprouver un mal-être en lien avec la perte de leurs capacités physiques et sensorielles (perte progressive de la marche, de mouvements volontaires, de leurs capacités de déglutition, de la vue, de l'audition, etc.). Ce thème revêt également l'importance pour la personne en situation de handicap sévère de comprendre ce qu'elle vit au quotidien, de donner du sens à ce qu'elle ressent dans son corps, à ce qu'elle perçoit de son environnement et de sa relation aux autres.

Concernant la situation de Nadia, l'hypothèse d'un trouble neuro-visuel a été confirmé quelques mois plus tard grâce à un bilan d'efficience visuelle réalisé par une professionnelle formée par le CNRHR[90] La Pépinière. Entre-temps, les accompagnants

---

[90] Centre National de Ressources Handicaps Rares et Déficiences Visuelles La Pépinière - Loos

avaient modifié la représentation qu'ils avaient du comportement envahissant et troublant de Nadia. Au fil des semaines, elle ne se frappait plus la tête. Lorsque je suis revenue dans l'établissement l'année suivante, la cheffe de service m'a dit : « ça a changé la vie de Nadia (et des accompagnants), elle vit sa vie, elle est curieuse de tout, elle prend plaisir à venir vers nous, à toucher ce qu'elle peut toucher, puis repart faire son petit tour ».

« Elle est posée sur la base de son cou. Ni grosse ni petite, une étiquette quelconque, jaune, blanche, en coton, épaisse. Elle est parfaite, des coutures presque parfaites, elle est là, toujours là où il ne faut pas. Elle ne pèse rien mais elle gêne. Elle énerve l'enfant qui veut la chasser. Il a essayé de la bouger, de la décoller, il a crié. Mais elle est toujours là, invisible, insistante. Pourtant l'enfant ne lui veut aucun mal, il souhaite juste qu'elle le laisse en paix, lui qui ne peut remuer les doigts, les mains, les bras. Son corps fonctionne mal, une sorte de panne de cerveau. Sa tête ne commande pas ses membres. Là, par exemple, il voudrait que son bras se lève et que sa main arrache l'intruse. Mais presque rien ne bouge, elle démange encore, il a envie de se gratter, envie de retirer son pull. Prisonnier dans son corps immobile, l'enfant a beau crier, gesticuler, pleurer, elle est toujours là et le fait de plus en plus souffrir. Pas une grande souffrance, juste une gêne, toute petite, qui, à force, excite ses nerfs. Et puis, peu à peu, l'enfant se résigne, les gesticulations cessent, les pleurs s'estompent, ses yeux se ferment. Voilà, elle triomphe de lui, non qu'il se sente mieux, mais il comprend qu'il doit accepter la réalité et arrêter de pester. Son rapport au temps et aux choses change en fonction de ce qu'il porte. Chaque jour est une épreuve. Déjà il ne pense plus à l'étiquette. Tout à coup, sa maman s'approche et enlève délicatement son pull. Plus aucune

trace d'elle maintenant, si ce n'est une colère muette, une colère déjà maitrisée qui en dit long sur ce petit bonhomme de deux ans – un enfant polyhandicapé »[91].

Ce texte est inspiré d'un extrait du roman *Le bonheur conjugal* de Taha Ben Jelloun dans lequel un peintre renommé, à la suite d'une attaque cérébrale, se retrouve paralysé. Cet extrait évoque « le combat » de cet homme contre une simple mouche. En remplaçant *la mouche* par une *étiquette*, je souhaitais partager une expérience marquante que j'ai vécue lorsque j'étais éducatrice spécialisée. Je rencontrais dans le cadre de mes ateliers hebdomadaires[92] un petit garçon âgé de deux ans, gravement handicapé. C'était un enfant très attachant et touchant. Il aimait la relation à l'autre mais il fallait provoquer la rencontre et la vivre intensément, doucement et humblement. Il se laissait toucher, manipuler, il reconnaissait les personnes avec lesquelles il pouvait être en confiance même s'il ne les voyait pas. Il était attentif, curieux, réceptif même s'il n'entendait pas. Il pouvait avoir des gestes volontaires qui lui demandaient beaucoup d'effort et de concentration, il prenait plaisir à se toucher les cheveux, mettre ses doigts dans la bouche malgré son hypotonie. L'odorat et le toucher étaient les sens les plus en éveil, il souriait lorsqu'on lui proposait des petites vibrations sur le corps. Il savait aussi se manifester lorsqu'il était douloureux par des gémissements, des petits cris et parfois des pleurs. Il n'en n'abusait pas, excepté quand ces vilaines étiquettes lui étaient insupportables. Il était alors perçu par les aides-soignantes lors de ces moments (répétés et relativement fréquents en fonction des vêtements qu'il portait) comme un petit garçon avec « des

---

91 PAGANO C., La stimulation basale, éditions Erès, p.162, 2020
92 Cf. chapitre IV, quelle pratique pédagogique auprès de l'enfant polyhandicapé ?

troubles du comportement », « des stéréotypies » : il n'avait de cesse de bouger sa tête de gauche à droite dans un mouvement répétitif, on pouvait entendre qu'il était alors « dans sa bulle », « qu'il se stimulait », « qu'il refusait d'être en relation », « qu'il n'aimait pas qu'on le touche » … Puis lors d'une rencontre avec sa maman, *le trouble du comportement* est devenu *un comportement-langage*, elle savait que si elle oubliait de retirer systématiquement les étiquettes de ses vêtements neufs, son enfant était capable de lui signifier qu'elles lui étaient tout simplement insupportables. Ainsi, notre perception (ou notre aveuglement) peut transformer une banale étiquette qui démange à une véritable étiquette qui colle « à la peau » de l'enfant.

III Les espaces de rencontre :
prendre soin de soi pour prendre soin de l'autre.

Concetta Pagano

« Seuls, nous ne sommes rien,
nous ne valons rien,
nous ne devenons rien.
Mais il suffit que je te rencontre,
et tout commence. »
Charles Pépin

1. Rencontre et réciprocité

La rencontre est au cœur de la philosophie de la stimulation basale. Elle encourage la personne à découvrir, ressentir et « habiter » son propre corps : « Le corps constitue la forme par laquelle nous existons au monde. C'est grâce aux mouvements du corps que nous sommes en mesure d'organiser notre perception du monde, insérée dans les rapports de communication avec les autres êtres humains. Perception, mouvement et communication constituent les éléments essentiels du développement humain »[93].

Cette rencontre est omniprésente en filigrane dans les modèles théoriques développés par Andreas Fröhlich :

- Les trois perceptions de base *(somatique, vestibulaire et vibratoire)* constituent les perceptions les plus élémentaires de l'être humain.

- Le schéma de la globalité[94] correspond au développement de l'être humain : *ressentir son corps et se ressentir dans son propre corps ; communiquer ; percevoir ; ressentir des émotions, des sentiments ; bouger ; faire des expériences avec d'autres personnes et comprendre.*

- Les thèmes essentiels correspondent à la situation actuelle de la personne.

- Les espaces d'orientation et de perception, comme leur nom l'indique, correspondent aux besoins et aux compétences de la personne dans ces domaines.

Les modèles existants sont centrés sur les besoins et les compétences de la personne en situation de handicap sévère et fondent le socle de l'approche basale. Ma pratique de formatrice m'a amenée à me questionner sur l'impact de la rencontre entre les accompagnants et les personnes accompagnées. Les modèles nous aident en tant qu'accompagnants et praticiens de l'approche à développer ou à consolider un savoir-être et un

---

[93] FRÖHLICH A., La stimulation basale, avancer ensemble dans la réalité sensorielle du monde, 2001, www.stimulationbasale.fr
[94] ROFIDAL T., PAGANO C., Projet individuel et stimulation basale, éditions Erès, 2018

savoir-faire en lien avec une démarche de *prendre soin* auprès des personnes que nous rencontrons dans leur quotidien. Mais qu'en est-il de l'impact de cette rencontre en termes de réciprocité ? Il n'est pas possible de *prendre soin* sans toucher une personne dépendante. Nous connaissons depuis de nombreuses années les bienfaits du toucher sur celui qui est touché mais également sur celui qui touche (effets positifs sur le système immunologique, sécrétions de l'ocytocine, hormone de l'attachement et de la dopamine, hormone de la motivation, etc.) : « *Dans des institutions pour personnes âgées, des études semblent montrer que si le personnel soignant touche les pensionnaires, les comportements agressifs deviennent moins fréquents. De même, il a été montré que les infirmières qui touchent les malades diminuent leur anxiété* »[95].

Nourriture sensorielle et psychique indispensable tout au long de notre vie, le toucher est à l'origine de notre construction individuelle, interpersonnelle et sociale bien avant notre naissance (perceptions somatiques intra-utérines). À l'instar de ses bienfaits, le « mal toucher » a un impact très néfaste, voire dévastateur sur le développement affectif, émotionnel et cognitif de tout être humain.

Au niveau du toucher, l'histoire personnelle de chacun est colorée par un vécu positif ou négatif et ceci dès notre naissance. Dès le début de la vie, le toucher structure l'être humain et en fait un individu. Pendant toute la vie, il nous procure des informations sur notre corps, sur notre environnement et sur les relations entre notre corps et le monde extérieur[96].

[95] FICHER-LOKOU J., Le toucher est une arme douce, Revue Cerveau&Psycho n°74 - février 2016

[96] GUION A., Toucher et massages dans les soins du quotidien, p.3, Lamarre, 2023

Il induit une réciprocité : je ne peux toucher l'autre sans être touché moi-même par cet autre. De la qualité de ce toucher dépendent la sécurité et l'ouverture à la relation. Or, ce toucher est souvent problématique chez les personnes en situation de handicap sévère. Les causes sont multifactorielles (vécu traumatique lié aux soins invasifs dès la naissance, particularités neuro-sensorielles, douleurs, difficulté à percevoir son propre corps, immobilité, compétences motrices très restreintes des mains qui ne permettent pas de se toucher soi-même et de toucher l'autre, etc.).

Par conséquent, le toucher peut être difficile pour la personne mais aussi pour l'accompagnant. Celui-ci peut se sentir en difficulté face à une personne qui ne se laisse pas toucher, qui manifeste de la peur, de la résistance ou de la douleur.

De ce fait, il peut ressentir de l'appréhension, se sentir maladroit, démuni ou craindre de faire mal en la touchant, en la manipulant. Cette « boucle » renforce l'idée que, pour son confort, il faut la toucher le moins possible. Ainsi, dans les temps du quotidien, plus le toucher sera difficile, plus le temps consacré aux soins ou à la toilette sera réduit pour « le bien » de la personne mais aussi pour celui de l'accompagnant. L'approche basale propose aux accompagnants d'appréhender le toucher différemment en le considérant comme une communication qui facilite la rencontre. Celle-ci, au-delà du toucher, atteste notre capacité à accueillir la fragilité, la vulnérabilité, et à donner le meilleur de nous-mêmes, un sourire, un regard, un geste, un mot, ou une main qui se pose délicatement.

2. La délicatesse des mains et des mots

Une ode à la douceur et à la délicatesse

Très souvent, la stimulation basale est décrite par les professionnels comme une approche empreint de douceur. Le mot *douceur* date du XII° siècle et vient du latin *du'cor* qui signifie *saveur douce*. Le sens premier est : « *la qualité de ce qui est doux et procure aux sens un plaisir délicat* »[97]. Les mots *délicat ou délicatesse* sont omniprésents dans les différentes définitions de la douceur *qualité de ce qui procure à l'esprit ou au cœur un plaisir calme et délicat, qualité de ce qui flatte les autres sens par sa délicatesse ou ses nuances)*[98]. Nous pourrions définir la délicatesse comme une douceur d'être. Elle se caractérise essentiellement par une finesse, une légèreté, une élégance, une minutie dans la façon de toucher, de parler, de percevoir, d'être. Elle se définit comme une aptitude, une posture intérieure (*faire preuve de délicatesse*, tout comme la douceur : « *On fait acte de douceur. Or fait preuve de douceur. On adoucit la fin d'une vie, son commencement. La douceur est une énigme dans sa simplicité. Elle ne va pas sans reconnaissance de sa propre évidence. Émettrice et réceptrice, elle appartient tout autant à la caresse qu'à la pensée* »[99].

Dans nos représentations, encore aujourd'hui, la douceur est très liée à la féminité, à la maternité. Elle a été longtemps considérée par la société comme une qualité chez les femmes et une faiblesse chez les hommes. Alors qu'une femme « se doit » d'être douce et délicate, un homme « se doit » d'être robuste et

[97] Définition du dictionnaire Larousse
[98] Définition du Centre National de Ressources Textuelles et Lexicales (CNRTL)
[99] DUFOURMANTELLE A., Puissance de la douceur, Rivages Poche, p.27, 2022

viril. Les jugements péjoratifs abondent lorsqu'une femme se montre virile et un homme délicat. L'image de la douceur dans les médias, dans la publicité, est souvent représentée le plus souvent par une mère affectueuse tenant et caressant son bébé dans ses bras. Cependant, ces dernières années, les pères et plus globalement les hommes, osent montrer et revendiquer leur délicatesse, leur douceur, leur tendresse ! Les représentations patriarchales et stéréotypées, bien qu'elles aient encore « la dent dure » dans notre société, s'essoufflent.

La douceur adoucit, elle nourrit, elle réconforte, elle apaise, elle protège, elle transforme. Elle est plaisir des papilles, ne dit-on pas prendre une *petite douceur,* un chocolat, une pâtisserie. La langue italienne la revendique avec ses desserts (*dolce*) et en aspirant à une vie plus douce (*Dolce Vita*). Elle est plaisir des oreilles : la musique adoucit les mœurs. Présente dès notre naissance, et même bien avant comme la caresse d'une femme enceinte sur son ventre arrondi, la douceur est nostalgie, celle de notre enfance : un câlin, une peluche, des bras réconfortants. Elle est attention : une main tendue, une main posée sur l'épaule, un regard, un silence, une présence, une parole, un mot, un sourire. Elle est don de soi, d'amour, de bienveillance, un élan vers l'autre. Elle est altérité : une reconnaissance de l'autre dans son être, face à la souffrance, la peur, l'anxiété. Elle est générosité : la douceur est gratuite, elle ne coûte rien à celui qui donne. Elle est intelligence, c'est une arme douce face à l'agressivité, l'intolérance ou la bêtise.

La délicatesse est l'intelligence des mains

La délicatesse, quant à elle, est l'intelligence des mains qui caractérise la douceur d'être et de l'être : être délicat, c'est avoir du tact. Elle est la source du *Prendre soin* de la fragilité des êtres touchés dans leur corps, dans leur cœur et dans leur âme. Nos mains sont notre principal outil lorsque nous accompagnons au quotidien des personnes dépendantes. Nous sommes aussi, très souvent, « leurs » mains dans le sens où elles ont besoin de quelqu'un pour les aider dans tous les temps du quotidien *(se nourrir, se lever, s'hydrater, se vêtir et se dévêtir, bouger, se déplacer, etc.).* La stimulation basale s'adresse à tous les professionnels qui sont en contact *(de près ou de loin)* avec des personnes en situation de handicap sévère. Selon les professions, la façon de toucher est différente. Les aides-soignantes, les aides-médico-psychologiques (AMP) aujourd'hui appelés Accompagnant éducatif et social (AES) apprennent à « toucher » au cours de leur formation tout comme les professions paramédicales et médicales (psychomotriciennes, kinésithérapeutes, ergothérapeutes, infirmières, médecins). Cependant, la façon de toucher est différente selon les professions. Quant aux éducateurs, leur formation leur procure (encore) trop peu d'enseignement pratique dans le champ du handicap sévère et sur la façon de toucher.

Les psychologues, dont leur principal outil est la parole, disent souvent s'enrichir d'un « nouvel outil » qu'est le toucher et plus globalement l'approche basale. Lénaïg Kleinbauer, psychologue auprès d'adultes en situation de handicap mental et psychique et formatrice en stimulation basale depuis 2020, explique cet enrichissement : « *Rapidement mais confusément, je ressentais du manque dans « ma caisse à outils » professionnelle (au sens premier de l'absence, du vide, comme au sens Lacanien de moteur du désir, celui d'en savoir plus, de comprendre autrement...). J'attribuais alors ce ressenti au fait que la dimension corporelle, bien que présente dans les entretiens, était traitée essentiellement oralement, sur le plan imaginaire et symbolique.*

Certes, comment pourrait-il en être différemment ? Il me manquait un outil pour permettre au corps d'être entendu autrement que par des mises en mots verbalisées, ou des effractions dans le discours. Cette formation m'a révolutionnée ! Je ne trouve pas d'autres mots pour exprimer ce bouleversement. Toutes les zones d'ombre que je percevais dans mon travail au quotidien, mais qui me restaient aveugles, se sont éclairées... La stimulation basale ne venait pas en contradiction de mes références professionnelles mais en complémentarité, voire en "révélateur photographique" Elle donnait une perspective, une profondeur et un ancrage qui ré-ouvrait tout »[100].

Lors des formations, l'ensemble des professionnels expérimentent les différentes qualités du toucher. Parfois, expérimenter le toucher sur soi n'est pas toujours aisé. Certains accompagnants appréhendent souvent la première journée, d'autres refusent de vivre certaines expériences en évoquant le fait qu'ils n'aiment pas être touchés... Toucher et être touché par l'autre nécessite une approche délicate et compétente par celui qui touche et un minimum de confiance par celui qui est touché. C'est un premier pas vers ce que peut ressentir une personne dépendante et vulnérable. Ainsi, les accompagnants expérimentent, à leur tour, la rencontre par le toucher.

J'aime particulièrement observer les mains des professionnels dans leur façon de toucher l'autre. Je pense que la délicatesse est la quintessence de l'être humain dans la relation, elle convie à donner de soi pour accueillir l'autre, elle sublime l'altérité. Quand la délicatesse manque, l'altérité disparait, l'autre devient objet :

[100] KLEINBAUER L., extrait de « La stimulation basale, une invitation à rêver », écrit non publié dans le cadre de l'écrit de certification de formatrice en stimulation basale, 2020

Quand le handicap ou la maladie s'impose à nous,
petits ou grands, jeunes ou âgés
Que sont nos mains ?
Quand le handicap ou la maladie nous dérobe la parole
Que disent nos mains ?
Quand le handicap ou la maladie nous prive de nos sens
Que perçoivent nos mains ?
Quand le handicap ou la maladie nous touche
Que ressentent nos mains ?
Quand le handicap ou la maladie s'impose à nous
Que font les mains qui soignent, qui réconfortent ?[101]

Nos mains sont le reflet de notre être, de notre action, elles dévoilent une part (cachée ou non) de nous-mêmes. Au-delà des mots, elles sont langage, celui du corps, des émotions, des sentiments, de nos qualités, de nos défauts dans notre rapport à l'autre et plus globalement dans notre rapport au monde. Comment sont vos mains ? Que disent-elles de vous ?

Douces, consolatrices, froides, imposantes, moites, chaudes,
dures, adroites, indifférentes, réconfortantes, agiles, viriles, tremblantes,
apaisantes, levées, fermées, fermes, tendres, maladroites,
menaçantes, amicales, virtuoses, fines, joyeuses, bienveillantes,
agressives, rugueuses, baladeuses, rigoureuses, généreuses,

[101] PAGANO C., extrait « Avec nos mains » - livret poétique illustré, www.chem1nsdeplume.fr, 2021

lourdes, légères, puissantes, vertes, nues, délicates.

Lorsque la délicatesse s'invite, elle transforme le toucher technique *(le soin)* en toucher relationnel (*le prendre soin*) des accompagnants. Les qualités du toucher que nous enseignons sont des principes de base, ils permettent à l'accompagnant lorsqu'il entre dans l'intimité d'une personne dépendante et vulnérable de la toucher avec respect et compétence afin de lui permettre d'éprouver son corps comme sien et d'intégrer des expériences significatives qui lui permettront de mieux le ressentir et le percevoir.

Ces principes ne sont pas des règles ou des protocoles à appliquer à la lettre, ils doivent toujours s'adapter à la singularité de la personne *(ressentis émotionnels et corporels, douleurs, contexte, état de santé, etc.).* Ces qualités se résument ainsi[102] :

- Les trois temps de la rencontre *(un toucher initial signifiant un début, puis une action, puis un toucher signifiant la fin lors d'une rencontre ou d'une activité)*
- La surface *(toucher avec la surface de la main et non du bout des doigts)*
- L'intensité *(toucher avec une pression et une intensité « forte », en évitant un toucher trop léger)*
- La constance *(éviter de trop varier l'intensité)*
- La continuité *(ne pas rompre le contact, éviter si possible la discontinuité)*
- Le rythme *(à moduler avec précaution)*
- La répétition *(facilite l'intégration et le sentiment de sécurité)*
- La durée *(éviter les touchers furtifs, trop rapides)*

---

[102] SAGE R., Enveloppes corporelles et toucher en stimulation basale, www.stimulationbasale.fr, 2023

- La symétrie (toucher sur les hémicorps en même temps, éviter le toucher asymétrique à 4 mains)
- La direction (selon le sens, toucher apaisant ou stimulant)

La délicatesse est l'intelligence des mots

Une « delicate » intention permet aux professionnels d'éviter d'être maladroits, voire parfois blessants envers la personne elle-même ou ses parents. L'annonce du handicap est toujours une terrible épreuve à vivre pour les parents. Il n'y a jamais de « bonne » façon d'annoncer une mauvaise nouvelle ; cependant lorsque la délicatesse manque, elle n'aide pas les parents, elle accentue leur désarroi et leur peine et leur fait perdre toute confiance envers les professionnels : « *Le médecin neuropédiatre qui a examiné Géraldine m'a fait venir dans la salle des externes, sans attendre mon mari. Il m'a dit que nous pouvions encore abandonner Géraldine, qu'elle allait mourir, probablement de convulsion (qu'elle n'a jamais eue) et qu'on ne la soignerait pas car "son cerveau n'en valait pas la peine" [...]. En fait, ces paroles ont eu un impact terrible, elles condamnaient Géraldine hors du monde des vivants, la marchandise était de mauvaise qualité, il fallait s'en débarrasser. Et je pense que la violence de ce rejet m'a fait perdre confiance en tout professionnel. Chaque nouveau professionnel inconnu risquant d'être à son tour celui qui va, encore et encore, la condamner* »[103].

À contrario, la délicatesse apaise, réconforte, e le est bienveillance et authenticité : « *C'était à la naissance de Francis. Le médecin nous a dit de venir le chercher en néonat. Il nous attendait et nous a dit : "Ce sont vos enfants que je vois derrière la vitre ?*

[103] LACHENAL M., Être parent d'adulte en situation de handicap, Erès, p.30, 2023

Vous allez voir, ce sont eux qui vont l'aider à grandir et qui vont l'aider à devenir ce qu'il sera ; vous avez trois ans pour l'emmener loin cet enfant, il faut vous mettre en route." On est tombés sur quelqu'un qui nous a vraiment aidés ; des phrases comme celles-ci, ça peut vous regonfler, on se disait : il faut y aller ! Un mot d'amour aux parents peut donner des ailes »[104]. La naissance d'un enfant, quel qu'il soit, implique « la naissance » des parents. La naissance d'un enfant, c'est aussi la naissance d'une famille qui doit apprendre à retrouver un nouvel équilibre où chacun prend sa place. La survenue d'un grave handicap nécessite pour les parents et la famille *(fratrie, grands-parents)* un « double effort ». L'ensemble du système familial doit trouver un nouvel équilibre *(relations dans la sphère familiale mais également dans la sphère amicale, sociale, professionnelle)* et accepter une aide extérieure pour l'enfant mais également pour l'ensemble de la famille. Ce soutien extérieur peut être très mal vécu par les parents. Ils peuvent se sentir envahis dans leur sphère intime et privée par une multitude de professionnels *(psychomotriciens, kinésithérapeutes, éducateurs, etc.)* et par une surveillance médicale intense *(visites régulières chez le pédiatre, consultations de médecins spécialistes, examens médicaux, hospitalisations)*.

Lorsque les professionnels évoquent l'attitude des parents vis-à-vis de leur enfant, leurs paroles peuvent manquer de délicatesse. Celles-ci sont souvent liées à des jugements hâtifs, à une méconnaissance ou à une représentation erronée de ce que les parents vivent au quotidien avec leurs enfants et plus globalement, les professionnels ne mesurent pas toujours ce qu'ils peuvent éprouver, notamment une fatigue physique et

---

[104] LACHENAL M., Être parent d'adulte en situation de handicap, Erès, p.29, 2023

psychique intense. Les parents sont confrontés à une situation paradoxale parce que leur enfant restera cépendant tout au long de sa vie. À la fois, le temps se fige (les cycles de vie sont « suspendus »), le temps se ralentit (trouver un rythme adapté pour l'enfant) ou s'accélère, les parents courent également après le temps ! À l'âge où l'adolescent aimerait que ses parents lui « lâchent les baskets », l'adolescent restreint dans ses capacités motrices a besoin de ses parents simplement pour les lui mettre. À l'âge où l'adolescent découvre ses premières relations amoureuses, ses parents, quotidiennement, lui donnent des soins *(la toilette, l'habillage, le déshabillage, le brossage des dents, etc.)*, lui changent ses protections... Puis vient l'âge adulte où la personne aspire à une vie épanouie en faisant ses propres choix, en décidant ce qui est bon pour elle, en créant de nouveaux liens et en s'accomplissant (*vie spirituelle, professionnelle, etc.*).

De nombreux parents souffrent de ne pas pouvoir se projeter sereinement pour l'avenir de leur enfant, où chaque étape de sa vie peut être vécue comme une nouvelle épreuve à traverser, comme le passage d'un accompagnement à domicile *(SES-SAD[105]) à* un premier établissement spécialisé *(IME ou EEAP[106])*, le passage d'un établissement pour enfants à un établissement pour adultes (*MAS[107]*). Puis les parents vieillissants sont préoccupés par le bien-être de leur enfant lorsqu'ils ne seront plus en âge de s'occuper de lui, de l'accueillir les week-ends, de lui rendre visite à l'établissement. Lorsqu'ils sont très âgés, ils sont très soucieux de son avenir s'ils venaient à décéder avant leur

---

[105] SESSAD : Service d'Éducation Spécialisée et de Soins et À Domicile
[106] IME : Institut Médico Éducatif ; EEAP : Établissement pour Enfants et Adolescents Polyhandicapés
[107] MAS : Maison d'Accueil Spécialisée

enfant. La fratrie, parfois la famille élargie, se voit confier la responsabilité de leur frère ou sœur, de leur neveu ou nièce. Ce relais, cet « héritage » peut parfois être très difficile à vivre : *« Ma mère s'est toujours occupée seule de tout ce qui concernait ma sœur. Quand ma mère et morte, je me suis rendu compte que je ne savais rien, ni le nom des médecins qui s'occupaient d'elle, ni les médicaments qu'elle prenait. Ce fut un coup très dur pour moi de devoir assumer du jour au lendemain toute cette responsabilité d'une sœur qui était une inconnue pour moi »*[108]. Mais souvent, la fratrie, à la disparition des parents, a à cœur de s'occuper de leur frère ou sœur en situation de polyhandicap : *« J'ai très peur de voir ma sœur grandir [...], j'ai aussi peur de ce qui se passera quand mes parents ne seront plus là [...] même s'il m'est très difficile d'y penser aujourd'hui, je sais que je veux être toujours là pour offrir à ma sœur le meilleur avenir possible »*[109].

Marielle Lachenal se qualifie, dans son livre, de « parent emmerdant ». Je pense que les professionnels ont besoin de « parents emmerdants » parce qu'en remettant régulièrement en cause, non seulement le *comment* mais également *le pourquoi* de l'accompagnement, ils sont des garde-fous contre les certitudes. Ils protègent les professionnels de la « toute-puissance » du sachant. Les parents connaissent mieux que quiconque leurs enfants, les professionnels connaissent le handicap de l'enfant, très souvent avec beaucoup de compétences. Chacun a à apprendre de l'autre, cet apprentissage ne peut se faire que si, de part et d'autre, une confiance s'installe. Celle-ci nécessite parfois beaucoup de temps, le temps de se rencontrer, de

---

[108] Livret *Des mots pour comprendre*, Témoignage de fratrie, www.plateformeannoncehandicap.be
[109] Livret *Des mots pour comprendre*, Témoignage de fratrie, www.plateformeannonce-handicap.be

s'apprivoiser et de cheminer ensemble, le tout avec tolérance et délicatesse.

3. La proxémie, une juste distance en Centimètres

Le terme *proxémie*[110] est un néologisme inventé par l'anthropologue américain, Edward T. Hall (1914-2009) au début des années 1960 dans le cadre de ses travaux sur les systèmes de communication non-verbaux et sur l'observation des distances physiques entre individus selon leurs cultures. Hall met l'accent sur ces expériences profondes, sensorielles et généralement non verbalisées que les personnes d'une même culture partagent et se communiquent à leur insu et qu constituent la toile de fond de la proxémie. En France, elle est décrite dans les soins comme base relationnelle et communicationnelle avec le patient *(la juste distance dans la relation entre soignant et soigné).*

Hall distingue quatre distances qu'il a appelées : la distance intime, personnelle, sociale et publique dont chacune possède un mode proche et lointain. Ces distances sont caractérisées par des espaces singuliers entre deux individus, mesurées en centimètres :
- Une distance intime correspond en mode proche à un espace vital (0 à 15 cm) et en mode lointain à un espace intime (15 à 45 cm).

---

[110] HALL E-T, La dimension cachée, Essais – Points, 1971

- Une distance personnelle correspond en mode proche à un espace sécure (45 à 75 cm) et en mode lointain à un espace convivial (75 à 125 cm).
- Une distance sociale correspond à un espace social en mode proche et lointain (de 125 à 360 cm).
- Une distance publique correspond à un espace public en mode proche et lointain (de 360 à 750 cm).

La proxémie se caractérise par toutes les situations quotidiennes dans lesquelles les personnes sont amenées à régler la distance physique entre elles : c'est l'espace informel. Celui-ci est également déterminé par l'environnement matériel et humain et les objets qui s'y trouvent. Notre perception de l'espace est dynamique parce qu'elle est liée essentiellement à notre capacité d'agir et de bouger. Il en est de même pour la perception de l'autre dans ces espaces. Nous investissons chaque espace en fonction de nos capacités, de notre personnalité, de notre vécu, mais également selon notre culture. Hall, dans ses travaux de recherche, a comparé la proxémie dans les cultures américaine, allemande, française, anglaise, japonaise et arabe. Les différences culturelles liées à la proxémie (gestion de notre espace informel) sont souvent mal interprétées par les individus : « *Les différences culturelles liées à des comportements non conscients, sont, de ce fait, généralement imputées à la maladresse, au manque d'éducation ou à l'indifférence* »[111]. Par exemple, selon Hall, le sens de l'ordre et de la hiérarchie incarné par les Allemands vient parfois se heurter au comportement désinvolte des Américains à l'égard de toutes formes d'interdit et d'autorité (*Hall cite l'exemple de personnes qui coupent les files d'attente ou qui ne tiennent pas compte des panneaux*

---

[111] HALL E-T, La dimension cachée, Points Essais, p.161, 1971

d'interdiction). À contrario, les Américains trouvent l'attitude allemande *« excessivement rigide, intransigeante et solennelle »[112]*. Les Anglais, très soucieux de discrétion, considèrent les Américains comme extravertis parlant beaucoup trop fort. Quant aux Français, Hall les trouve très sensoriels : « *L'importance que les Français accordent à la vie sensorielle n'apparaît pas seulement dans leur façon de manger, de recevoir, de parler, d'écrire, de se réunir au café, mais elle se traduit jusque dans leur manière d'établir leur carte routière. Celles-ci sont extraordinairement bien conçues : elles offrent aux voyageurs des renseignements les plus détaillés. Elles sont la preuve que les Français font travailler tous leur sens [...]. Les rapports interpersonnels sont caractérisés par une grande intensité. Quand un Français s'adresse à vous, c'est vraiment qu'il vous regarde. Il n'y a pas d'ambiguïté possible. S'il regarde une femme dans la rue, il le fait sans équivoque »[113]*. Dans un dernier exemple, Hall évoque la place accordée par l'olfaction dans la culture arabe : « *Dans 'a conversation, les Arabes vous tiennent toujours dans le champ de leur haleine. Cette habitude ne tient pas seulement à une question de manières [...]. Respirer l'odeur d'un ami est non seulement agréable mais désirable car refuser de laisser respirer son haleine est signe de honte »[114]*.

Ces exemples montrent que nos sens sont sollicités à des degrés divers dans nos relations interpersonnelles *(le regard, la vue, la voix, l'olfaction, etc.)*. Selon les espaces, la sensorialité est vécue de façon plus ou moins intense entre deux personnes et la perception de l'autre est différente selon la distance entre les corps :

---

[112] HALL E-T, p.169
[113] HALL E-T, p.178
[114] HALL E-T, p.196

- Dans l'espace vital (0 à 15 cm), la présence de l'autre « s'impose », le corps de l'autre est perceptible *(la chaleur, la peau, le souffle, l'odeur, le rythme respiratoire, etc.)*. Cet espace est lié à notre vie affective et sexuelle (en mode proche).
- Dans l'espace intime (15 à 45 cm), les corps ne se touchent pas, les mains oui, le corps de l'autre est perceptible : la respiration, l'haleine, la chaleur et l'odeur (en mode éloigné).
- Dans l'espace sécure (45 à 75 cm), c'est notre fameuse bulle « imaginaire » autour de nous, notre vision n'est plus déformée, nous percevons l'autre de façon nette (détails).
- Dans l'espace convivial (75 à 125 cm), cet espace est lié aux moments dits conviviaux (*faire connaissance, partager un moment agréable ensemble, etc.)*. Notre perception de l'autre est plus globale, les yeux et la bouche sont perçus avec plus d'acuité.
- Dans l'espace social (125 à 360 cm), on peut se croiser, vaquer à ses occupations sans forcément parler à l'autre. La voix est haute, le corps perd de son volume, la tête est plus petite, on ne perçoit pas les détails du corps de l'autre. On peut percevoir plusieurs personnes à la fois grâce à notre vision périphérique.
- L'espace public (360 à 750 cm), correspond à l'espace « anonyme », celui de la rue, celui d'un spectacle, etc. L'essentiel de la communication est non-verbale. La voix est très haute.

Au-delà de l'aspect sensoriel, Hall insiste également sur la notion de territoire qu'il nomme *le territoire de l'organisme* : « *Toute chose vivante possède une limite physique qui la sépare* de l'environnement extérieur. De la bactérie et de la simple cellule jusqu'à l'homme, tout organisme possède une frontière perceptible qui marque son début et sa fin »[115]. Sans cette « limite physique », sans cette enveloppe, aucune vie n'est possible. Depuis la nuit des temps, l'homme a toujours défendu son territoire, il a un besoin vital de s'approprier l'espace (et les objets) pour que celui-ci devienne son territoire. Cette territorialité s'installe très rapidement *(par exemple, au cours d'une formation, les stagiaires conservent la même place pendant trois jours, si quelqu'un « s'approprie » une place occupée la veille par quelqu'un d'autre, celui-ci peut sentir un agacement et l'envie de chasser l'intrus !).*

La proxémie nous amène plus globalement à réfléchir sur les territoires de l'intime : « *L'intimité indique une clôture, une frontière à ne pas dépasser. Elle est réservée à soi-même ou à certains qui font partie des proches. Les autres, les étrangers en sont exclus, à moins d'y être explicitement conviés […]. Notre société autorise trois territoires de l'intime : l'intimité personnelle, l'intimité du couple et l'intimité familiale* »[116].
Que dire de l'intimité d'une personne dépendante ? Comment la préserver, la respecter ? Comment une personne en situation de handicap sévère gère-t-elle son espace informel ? Ses capacités restreintes de perception, de mouvement et de communication ne lui permettent pas, la plupart du temps, d'initier la rencontre, de découvrir par elle-même l'espace autour d'elle. L'essentiel est alors de répondre à ses besoins afin de se percevoir (*ressentir son corps, se ressentir soi-même dans son corps, bouger*) de percevoir l'autre (*communiquer, ressentir des émotions*

---

[115] HALL E-T, Le langage silencieux, Points Essais, p.187, 1984 (édition originale 1959)
[116] NEUBERGER R., les territoires de 'intime, Odile Jacob Poches, p.9, 2018

de sentiments, faire des expériences avec d'autres personnes) et le monde autour d'elle (*percevoir, comprendre*). Chaque rencontre se fait dans un espace-temps singulier, celui d'un espace qui nécessite *une juste proximité* mais également une temporalité différente de celle que nous connaissons habituellement. Cette rencontre est possible dans une « *proxémie* » *basale* dans laquelle la personne peut percevoir son corps comme son espace de vie mais également comme son espace quotidien de rencontre tout au long de sa vie.

4. La *proxémie* basale, une juste proximité en Sentimètres[117]

De la proxémie à la proxémie basale

Selon Andreas Fröhlich, la rencontre doit avant tout avoir lieu dans l'espace que la personne a la capacité d'investir, un espace plus ou moins grand selon la gravité de son handicap, de ses capacités et de son état de santé. Comme nous le savons, cette rencontre passe essentiellement par le toucher. Ces moments privilégiés dans un contact corporel de grande proximité, de tendresse et de délicatesse, qu'ils soient proposés par des parents, des proches ou des professionnels, aident la personne à mieux réguler ses émotions, à vivre des expériences sensorielles et corporelles afin qu'elle puisse se découvrir, découvrir l'autre, puis le monde qui l'entoure. Ainsi, l'approche basale soutient la personne dans le développement de ses capacités de

---

[117] néologisme qui insiste sur ce qui s'éprouve dans la rencontre

perception et d'orientation dans un environnement familier et compréhensible pour elle.

Lorsque nous accompagnons au quotidien des personnes en situation de handicap grave, dans quels espaces, décrits par Hall, a lieu la rencontre ? Nous la rencontrons avant tout dans trois espaces singuliers : l'espace vital, l'espace intime et l'espace sécure que je nomme *proxémie basale* et plus globalement *espaces de rencontre (schéma).*

Évoquer ces trois espaces *(vital, intime, sécure)* n'exclut en rien les trois autres espaces *(convivial, social et public)*. Cependant, la personne, enfant ou adulte, vit des expériences corporelles, sensorielles, relationnelles et émotionnelles de façon significative particulièrement dans les espaces vital, intime et sécure. C'est ainsi qu'elle se construit, se développe et chemine en tant que personne. Ces espaces enchevêtrés ne sont pas figés et sont à concevoir comme des espaces dynamiques qui tiennent compte du développement de la personne, de la naissance à l'âge adulte, de ses besoins et de ses compétences décrites par le modèle du *schéma de la globalité*[118] : compétences motrices *(bouger),* compétences sensorielles *(ressentir son corps, se ressentir dans son propre corps),* compétences communicationnelles *(communiquer)* , compétences émotionnelles *(ressentir des émotions et des sentiments)*, compétences perceptives *(percevoir et s'orienter),* compétences cognitives *(comprendre),* compétences relationnelles et sociales *(faire des expériences avec d'autres personnes).*

---

[118] FROHLICH A., article La globalité du développement, www.stimulationbasale.fr, 2001

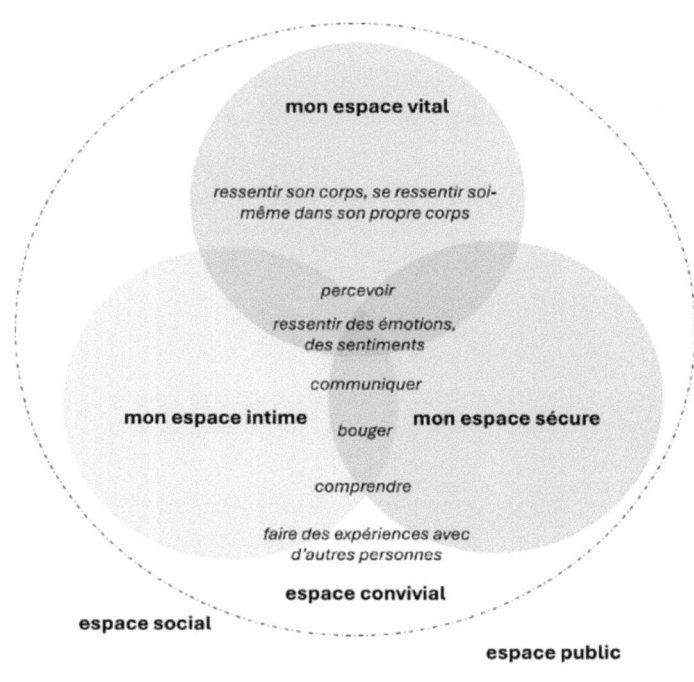

Les espaces de rencontre, C.Pagano, 2024

Les temps du quotidien sont des temps répétés où nous entrons souvent dans l'intimité de la personne sans qu'elle nous y invite tout au long de la journée. Au quotidien, ces moments sont principalement les temps de toilette et de changes *(l'habillage, le déshabillage, les soins corporels...)* et de soins *(plus ou moins invasifs ou douloureux comme les soins respiratoires d'aspiration, les lavements, les soins d'hygiène bucco-dentaire...)*, le portage, les transferts, les manipulations *(du fauteuil au lit, au verticalisateur, au lit-douche, au tapis, etc.)*, l'aide à la marche, les temps de verticalisation, les appareillages *(mise de corset, des attèles...)*, les temps de repas *(les installations, donner à boire et à manger, essuyer la bouche…*), toutes es activités qui demandent une co-action lorsque la personne ne peut pas les faire par elle-même (*comme par exemple, tenir sa cuillère, sa brosse à dent…*).

L'espace convivial est par nature amical, festif et social. La convivialité se caractérise par des rapports chaleureux entre individus. Un lieu (*une maison, un bureau, un établissement, etc.*), un temps *(la pause-café, une rencontre, etc.)* peuvent être synonymes de convivialité. L'architecture standardisée des établissements, même si elle est réfléchie afin de répondre au mieux aux besoins des personnes polyhandicapées, laisse encore peu de place à la créativité, au libre choix des parents ou de la personne lorsqu'elle a la capacité de le faire. Les chambres individuelles (lorsqu'elles le sont), les espaces collectifs, appelés parfois *salles de vie* ou *salle de convivialité*, ne sont parfois conviviales que par leur nom. Ce qui est convivial pour les professionnels ne l'est pas toujours pour les personnes polyhandicapées. La convivialité ne doit pas être confondue avec l'agitation *(le trop de trop)*. Un repas peut être tout aussi convivial si la personne mange en tête-à-tête avec son accompagnant ou un peu à l'écart des autres. Détendue et attentive, elle profitera pleinement de ce temps relationnel avec l'accompagnant. Les ambiances conviviales dans un établissement sont fréquentes. Les personnes qui aiment la présence, les discussions animées sont curieuses et à l'écoute de tout ce qui se passe autour d'elles. Elles aiment écouter les accompagnants raconter des anecdotes, des histoires, etc. L'ambiance conviviale les rassure, elles ne sont pas seules ; l'ennui est moins pesant egalement, le temps passe plus vite… L'espace convivial ne peut être investi que si la personne se sent en sécurité physique et psychique, donc en confiance pour faire des expériences avec d'autres personnes. C'est un apprentissage plus ou moins long qui nécessite de la patience et de la délicatesse de la part des accompagnants. « *Nous devons apprendre la patience dans l'impatience* » [119].

L'espace convivial devient un « espace transitionnel » entre les espaces vital, intime et sécure (*proxémie basale)* et l'espace social. Les compétences sociales se définissent comme « *un ensemble de savoir-faire invisibles mais utiles en matière d'acceptabilité et de présence sociales. Cela va des comportements les plus élémentaires (dits non verbaux) comme regarder dans les yeux, sourire, se tenir à la bonne distance, ni trop près, ni trop loin, aux comportements verbaux plus élaborés, comme écouter sans interrompre, poser des questions et écouter la réponse, etc.* »[120].

<u>*Brèves de terrain n°5 : Faire l'expérience du monde extérieur présentée par Thierry Rofidal*</u>

À la Maison d'Accueil Spécialisée, nous avions l'habitude de profiter du « moment café » après le repas de midi, pour discuter de difficultés « mineures » rencontrées par l'équipe au niveau des soins médicaux ou paramédicaux, par exemple, la forme galénique d'un médicament pour tel ou tel résident, le temps d'un soin infirmier ou d'un soin de rééducation par rapport au déroulement de la journée. Ces « moments café » n'étaient pas des « pauses café », nous profitions d'un moment de la journée de travail où les professionnels étaient nombreux pour réfléchir ensemble, de façon ritualisée à des « petits » problèmes.

---

[119] Citation d'Edgar Morin
[120] ANDRÉ C., imparfaits, libres et heureux, pratiques de l'estime de soi, Odile Jacob, p.247, 2009

Certains résidents participaient à ces moments en venant s'installer autour de la table ou en se manifestant pour que l'équipe les y installe et il n'était pas question de les oublier. Gabriel n'a pas la capacité motrice de déplacer son fauteuil et sait réclamer son café au lait. Parfois, même s'il ne le boit qu'à moitié, il reste au milieu du groupe, le balayant de son regard, éclatant de rire quand le groupe rit.

Sabine n'a pas les mêmes compétences relationnelles, elle semble « dans son monde ». Capable de déplacer son fauteuil roulant avec ses pieds, elle semble « errer » dans l'établissement toute la journée, de préférence, là où il n'y a personne. Cependant, lors de ces « moments café », on la voit passer, jeter un regard furtif sur le groupe et partir plus loin, puis revenir et s'arrêter à proximité. Si un professionnel lui propose un café, elle s'éloigne sans répondre mais il n'est pas rare de la voir revenir, s'arrêter à nouveau près du cercle de personnes autour de la table et d'y rester si on ne lui adresse pas la parole. C'est sa manière à elle d'être là, sa « façon particulière d'être au monde »[121] ; être avec le groupe sans être dans le groupe.

Le thème essentiel - Faire l'expérience du monde extérieur - signifie être en contact et pouvoir agir sur l'environnement matériel : les objets et les différents espaces dans l'établissement, à la maison ou l'extérieur afin de favoriser la compréhension des situations de la vie quotidienne. L'être humain a un besoin vital de s'approprier l'espace et les objets afin de créer « son territoire intime ». Pour ce faire, trois composantes sont indispensables : l'être (espace physique), la pensée (espace psychique)

[121] BOUTIN A.M., Le bien-être physique et mental de la personne polyhandicapée, in EUFORPOLY II : Europe, formation, polyhandicap. Programme communautaire Leonardo da Vinci - 2000-2001. Ed. AIR Besançon, p.10, 2001

et l'agir (espace de compétence)[122]. Cependant, une grande majorité de personnes en situation de handicap sévère éprouvent des difficultés majeures à faire l'expérience du monde parce qu'elles ne peuvent pas agir par elles-mêmes.

Dès notre plus tendre enfance, nous attachons une très grande importance à « nous sentir bien » là où nous habitons. La maison familiale est à la fois composée d'espaces partagés *(comme le salon)* et d'espaces plus intimes *(comme la chambre).* Ainsi chaque membre, enfant ou adulte d'une même famille peut, à sa guise, aller et venir d'un espace commun à un espace plus intime. La décoration et l'aménagement de l'espace intime contribuent à se sentir ancrés dans « son territoire ».

Or, même si des progrès considérables ont été faits, comme par exemple, des chambres de plus en plus individualisées aménagées et décorées par les parents ou la personne elle-même, l'architecture des établissements qui accueillent des personnes en situation de handicap reste peu fonctionnelle (des chambres à plusieurs lits, du mobilier très uniforme, des revêtements de sol et des murs identiques, des salles de bain communes, impersonnelles, trop étroites, sans fenêtre, sans miroir ! etc.). Les salles de bain, lieux intimes par nature, sont surtout investies par les accompagnants. C'est un peu une « double peine ». Chaque jour, les personnes en situation de handicap n'ont pas d'autres choix que de partager leur intimité avec l'accompagnant (et pas toujours le même !) et de partager leur territoire, la salle de bain étant un espace collectif.

Dans quels espaces et à quels moments une personne en situation de polyhandicap peut-elle se sentir « chez elle » au cours de la journée ? Dans son fauteuil, dans son lit, sur un tapis, dans sa

---

[122] NEUBERGER R. Les territoires de l'intime, Odile Jacob poches, p.12, 2018

chambre, dans une salle de séjour ? Comment s'approprie-t-elle les objets, ses objets ? Lui propose-t-on de sentir, toucher, manipuler des objets du quotidien qu'elle utilise tous les jours (une cuillère, un verre, une brosse à dent, etc.). Très souvent, les accompagnants font « à la place de » et non « avec et pour la personne » parce qu'ils ne mesurent pas l'importance, pour la personne, de faire l'expérience sensorielle des objets qu'elle utilise chaque jour. En l'aidant par une co-action active ou passive, « *l'objet pour lui-même n'est pas important, il le devient dans la mesure où il sert pour agir, pour explorer des causes et des effets* » [123].

Andreas Fröhlich a intégré les travaux de Félicie Affolter, logopédiste suisse (orthophoniste) et psychothérapeute, dans les principes de l'approche basale. Elle a développé le concept de « niche sensorielle », un espace de dimension réduite, ouvert, qui procure un sentiment de sécurité et de protection pour l'enfant ou pour l'adulte ayant des difficultés perceptives importantes l'empêchant de s'adapter aux situations (gestion des flux sensoriels, etc.) et provoquant des comportements troublants. La *niche,* au sens propre et figuré du terme, offre un refuge qui permet une stabilité émotionnelle. Ouverte afin de pouvoir regarder ce qui se passe dans l'environnement, elle permet à la personne de se mettre en retrait (s'isoler) quand elle en ressent le besoin. Ainsi, elle agit sur le monde extérieur. Lorsqu'elle n'a pas la capacité de se retirer par elle-même, les accompagnants proposent des *niches sensorielles* adaptées (autour du fauteuil, dans un lit, sur un tapis, etc.).

---

[123] AFFOLTER F., Perception, Wirklichkeit et Langage, éditions Suisse et étranger, p.10, 1991

Lorsque vous étiez jeune enfant, quel était votre refuge ? Dans un carton, sous une table, dans une cabane, dans un arbre, dans un petit coin où vous pouviez « découvrir le monde » sans être vu et en toute sécurité. Lorsque nous sommes adultes, cette recherche de *niche sensorielle* est toujours présente, nous n'y prêtons pas attention mais nous aimons les « petits coins » intimes et rassurants. Par exemple, dans un café, dans un restaurant, nous aimons choisir une table dans un espace à la fois intime et offrant une vue sur l'environnement. L'intérieur de nos maisons est souvent aménagé afin d'avoir toujours un petit coin à soi, un refuge qui nous permet de nous sentir bien. Et vous, quel est votre refuge ?

Brèves de terrain n°6 : Vivre l'autonomie et la responsabilité présentée par Thierry Rofidal

Charlie est un jeune homme de 25 ans, il souffre d'une altération des mouvements volontaires et de la posture très sévère liés à une anoxie néonatale ; il est en situation d'infirmité motrice cérébrale, actuellement dénommée « Paralysie Cérébrale ». Charlie est « secoué » par des mouvements anormaux (choréo-athétosiques) et par un schème en hyperextension axiale très violent lorsqu'il est touché par une émotion, positive ou négative. Le seul mouvement volontaire que son cerveau lui autorise est la conduite de son fauteuil par une commande occipitale. Toutes les autres activités motrices (transfert, habillage, toilette...) nécessitent une ou deux aides et sont entravées par des mouvements choréiques violents. Certains ont provoqués des blessures, aussi bien à Charlie qu'aux personnes qui l'accompagnent. Charlie en est très peiné.

Car ses capacités cognitives sont très bonnes. S'il ne peut articuler les mots, son code oui-non fiable en toute circonstance et une synthèse vocale lui permettent de communiquer avec ses proches. C'est ainsi qu'il a accepté, il y a quelques années, une alimentation entérale par sonde de gastrostomie à la suite d'une pneumopathie de déglutition compliquée d'une dénutrition sévère. Il se nourrit et s'hydrate de façon artificielle, il a repris du poids, sa fonction respiratoire est satisfaisante... mais !

Mais Charlie a une requête, une sollicitation qui devient bientôt une revendication. Son souhait est de partager avec ses copains (valides) des moments conviviaux au café, autour d'une bière. Il veut vivre ce moment ; pas seulement l'ambiance du moment (partage social) mais aussi son caractère sensoriel ; pas seulement dans sa bouche (amertume et douceur : sensation gustative ; pétillance et fraicheur : sensation somesthésique) mais aussi dans son carrefour aérodigestif et son œsophage. Il veut BOIRE une bière, la ressentir de ses lèvres jusque dans son estomac, dans une ambiance joyeuse et amicale. Il veut vivre un moment de fête avec des gens qu'il aime.

Charlie a conscience qu'il ne peut boire seul. Il sait que si quelqu'un lui verse un peu de bière dans la bouche, il risque de faire une fausse route et qu'à la longue, une nouvelle pneumopathie de déglutition le guette. Il sait qu'il peut en mourir, il en a fait l'expérience il y a quelques années. Ses parents sont également conscients du risque. Ils jugent leur fils apte, en ce domaine, à l'autodétermination.

Son équipe me contacte alors pour étudier les possibles. Charlie refuse d'emblée que l'on recherche une aide technique (biberon, gobelet à bec...) car une bière se boit, au café, dans un verre à bière (tulipe, ballon, flûte...). Avec son ergothérapeute, nous travaillons d'une part la réduction du schème en extension[124] et

---

[124] ROFIDAL T., L'alimentation de la personne polyhandicapée, goûter le plaisir et découvrir le monde. Ed. Erès, p.177, 2022

d'autre part l'éducation motrice pour réduire la protraction de la langue[125]. Après quelques mois d'un dur labeur, les progrès sont notables. Charlie peut maîtriser la posture en flexion du cou, lèvres serrées sur le bord du verre et aspirer un peu de liquide quand celui-ci est en contact avec sa lèvre supérieure. La technique est alors enseignée à deux amis de Charlie qui sont également ment conscients des risques encourus par leur « pote ».

Ainsi, une à deux fois par semaine, les copains se retrouvent en terrasse ou à l'intérieur d'un café. Charlie est désormais capable de boire quelques gorgées. Lorsqu'il est fatigué, qu'il ne se sent pas en sécurité, Charlie demande à un ami de tremper un petit bâtonnet en mousse dans le délicieux breuvage et de la mettre en contact avec sa langue. Tant pis s'il bave, son cou est toujours orné par un joli bandana... Il fera mieux la prochaine fois.

Le thème essentiel - Vivre l'autonomie et la responsabilité - a été modifié en 2023. La première traduction était « *être autonome et responsable* ». Vivre (et non *être*) correspond plus précisément à la réalité d'une personne vivant une situation de dépendance extrême. Ce thème est, de façon globale, très exigeant pour tout être humain car quand sommes-nous vraiment autonomes ? Nous dépendons toujours de quelqu'un ou de quelque chose...

Le mot *autonomie* a été remplacé, dans la version allemande, par *autodétermination*. Cependant nous faisons le choix de conserver le terme *autonomie* en français.

Nous pouvons constater une profusion de définitions *(psychologique, philosophique, juridique, etc.)* depuis quelques années. Nous choisissons la définition proposée par le philosophe Emmanuel Kant *(autos* - ce qui vient de soi et *nomos* - les règles

---

[125] ROFIDAL T. id. p.178

établies par la loi), ainsi l'autonomie se définit comme la faculté de se déterminer par soi-même, de choisir et d'agir librement. La responsabilité implique de répondre de ses actes, de les assumer et d'en supporter les conséquences.

Nous pouvons constater que certaines personnes très gravement handicapées « résistent » et vivent malgré la gravité de leur handicap. Les personnes en fin de vie « décident » parfois le moment où elles souhaitent mourir, elles « s'accrochent » à la vie tant qu'elles n'ont pas vu une dernière fois un de leur proche par exemple, cette situation n'est pas rare. D'autres personnes prennent des risques et en mesurent les conséquences, comme Charlie.

Ce thème relève de l'éthique, les questions sont plus nombreuses que les réponses et parfois elles sont sans réponses. Nous sommes comme des funambules sur un fil, nous devons trouver un juste équilibre entre le désir ou la volonté de la personne et de sa famille et la réalité. Lorsque j'etais éducatrice spécialisée, l'équipe a été confrontée à des situations complexes comme celle de cette maman qui refusait tout appareillage pour sa fille (corset, chaussures orthopédiques et attèles de mains). Sa fille est décédée à l'âge de 11 ans suite à des déformations rachidiennes importantes qui ont entrainé une insuffisance respiratoire.

Que faire lorsque les parents ou la personne refusent la pose d'une gastrostomie alors que les risques de fausses routes sont très importants ? La décision finale ne revient-elle pas à la personne et à sa famille ?

L'espace informel : un langage silencieux

L'espace informel se caractérise par toutes les situations quotidiennes dans lesquelles nous ajustons de façon « intuitive » notre distance physique dans nos relations et en fonction de l'environnement matériel et humain. Cet ajustement est le plus souvent spontané comme par exemple, lors d'une simple conversation, lorsqu'on se promène, lorsqu'on est dans un magasin, etc. Dans une file d'attente, nous ajustons notre distance de façon à ne pas entrer dans la bulle de l'autre (espace sécure). Cette attitude est de l'ordre de l'implicite car nous nous ajustons spontanément et ceci depuis notre enfance (ce qui a été appris implicitement devient spontané ensuite). Il est écrit nulle part que nous devons maintenir une distance supérieure à 75 centimètres dans une file d'attente, sauf pendant la pandémie où la distance était mesurée et de rigueur... Dans un métro bondé, notre distance physique se rétrécit inévitablement. Afin de surmonter cette proximité imposée et le plus souvent désagréable, nous utilisons des stratégies qui nous permettent d'accepter cette promiscuité temporaire *(en évitant les regards, en contractant nos muscles, en se réfugiant dans nos pensées ou en surfant sur notre portable, en écoutant de la musique...)*. Lorsqu'on est à un concert, notre distance est, elle aussi, plus ou moins réduite *(en fonction de la popularité de l'artiste !)* mais nous acceptons plus facilement cette proximité partagée parce qu'elle est généralement chaleureuse et vécue positivement *(avoir des goûts artistiques communs nous permet de mieux accepter la promiscuité !)*.

Dans un parc public, lorsque nous observons deux personnes assises sur un banc, nous pouvons très facilement déduire, en fonction de leur distance *(espace informel)*, la nature de leur relation. Deux personnes très proches, « corps à corps » nous indiquent qu'elles sont probablement très intimes *(espace vital)* comme *Les Amoureux des bancs publics* de Georges Brassens. Deux autres personnes assises, l'une à côté de l'autre, se tenant la main ou non et discutant *(espace intime)*, nous indiquent que la nature de leur relation est également intime *(amoureuse, amicale et familière).* Lorsque deux personnes discutent, sans que les corps ne se touchent mais en étant relativement proches *(espace sécure)*, nous pouvons déduire leur niveau de familiarité selon la distance qui les sépare.

Nous constatons que « *les événements spatiaux donnent à la communication son intonation et son accent. Le flux de paroles et le changement de distance entre deux individus en interaction participent au processus de communication* »[126]. Ainsi, l'espace parle, il est langage silencieux. Parfois, nous pouvons sentir les autres, proches ou distants sans identifier clairement les raisons de cette proximité ou de cette distance, au-delà de l'aspect sensoriel : « *Si l'un des interlocuteurs s'approche trop près, la réaction est immédiate et automatique. L'autre recule. Si le premier se rapproche de nouveau, le second, de nouveau, recule […] L'un essayant d'augmenter la distance pour être à l'aise, l'autre, pour la même raison, tentant de la réduire, et tous deux inconscients de ce qui se passe* »[127]. Dans l'espace public, l'espace peut être « immense » mais nous délimitons systématiquement notre espace sécure de façon matérielle et symbolique. Lorsque nous pique-niquons dans un parc, nous délimitons notre espace sécure par une couverture sur l'herbe, à bonne distance des autres couvertures. Il en est de même à la plage, notre serviette de bain n'empiète pas l'espace sécure de notre voisin ou voisine. Dans

[126] HALL E-T, Le langage silencieux, Points Essais, p.206, 1984
[127] HALL E-T, Le langage silencieux, Points Essais, p.206, 1984

les transports en commun, nous nous empressons parfois de poser notre sac ou nos habits sur le siège à côté indiquant un message très clair à un potentiel « envahisseur ». Une nouvelle fois, nous marquons notre territoire.

Comment une personne, limitée dans ses compétences motrices, sensorielles, relationnelles, communicationnelles, ajuste-t-elle son espace informel au quotidien ? Les enfants ou les adultes qui n'ont pas la capacité de se déplacer par eux-mêmes ou d'agir sur leur environnement (espace proche) ne peuvent, de fait, ajuster et gérer leur espace informel puisque ce sont toujours les autres *(très souvent les accompagnants)* qui viennent à leur rencontre *(dans leur territoire)*. Cependant, se déplacer *(compétences motrices)* pour aller à la rencontre de l'autre ne suffit pas, la gestion de l'espace informel requiert également des compétences sensorielles et cognitives suffisantes *(se percevoir, percevoir l'autre et percevoir son environnement)* afin de s'ajuster et de s'adapter aux situations dites sociales. Les compétences sociales correspondent au thème essentiel *« faire des expériences avec d'autres personnes »* dans le modèle du schéma de la globalité *(développement de l'être humain).* Si nous reprenons l'exemple d'une promenade dans un parc public, une personne polyhandicapée peut envahir l'espace vital, intime et sécure d'une personne qu'elle ne connait pas en la serrant dans ses bras, en lui caressant le bras ou en étant brusque. Cet excès de tendresse ou de maladresse surprend, déstabilise, voire agace. Au fil de la promenade, elle peut s'assoir sur un banc très près d'une personne qu'elle ne connait pas, sans forcément la toucher et l'envahir par sa présence, par une proximité qui n'est pas adaptée à la situation d'une rencontre simplement conviviale *(espace convivial).* Cependant, la personne en situation de polyhandicap, lorsqu'elle a la capacité de le faire, ajuste son espace informel non pas selon des règles sociales qu'elle n'a pas intégrées mais selon sa capacité à agir et à interagir avec son interlocuteur ; elle utilise des moyens ou des stratégies qui lui permettent d'entrer en relation et d'agir sur son environnement. Si nous reprenons la situation de Nadia *(brèves de terrain n°4),* plusieurs lectures sont possibles : l'observation et la compréhension de sa capacité à appréhender l'autre et l'environnement *(gestion de son espace informel)* évitent également les interprétations trop hâtives et erronées.

La proxémie basale, une juste proximité dans la rencontre

Dès la naissance, le bébé apprend ce qu'est son corps, ce qu'est le corps de l'autre par le contact des mains qui rassurent et enveloppent par la chaleur humaine (*peau à peau),* l'odeur, les sons, la voix et le regard. Ces expériences basales sont une source d'apaisement et de sécurité pour l'enfant lorsqu'elles sont répétées et intenses. Les informations somatiques *(ressentir son corps et son enveloppe corporelle)*, vestibulaires *(ressentir son corps par le mouvement)* et vibratoires *(ressentir son corps en profondeur, son squelette)* constituent une base nécessaire à la représentation de son propre corps afin de vivre des expériences simples et élémentaires visant à favoriser son développement de façon optimale.

Selon Andreas Fröhlich, la *communication basée sur le corps*[128] désigne une forme de communication qui évoque tous les aspects fondamentaux de la communication, autre que le langage verbal, en lien avec notre sensorialité. Elle est à la base de notre capacité à entrer en relation *(la communication visuelle,*

---

[128] FRÖHLICH C., BIENSTEIN C., *Basale Stimulation® in der Pflege, Die Grundlagen, 9. überarbeitete Auflage*, Hogrefe Verlag, Bern, 2020

olfactive, gustative, vibro-acoustique, tactile et les signes vitaux) [129]. Fondée sur la capacité du corps à s'exprimer, elle intègre les principes de base du dialogue somatique *(communication par le toucher et le mouvement)* qui se réfère au terme basal, c'est-à-dire sans conditions : « *dès lors qu'une personne est en vie, quel que soit son état, les signes qu'elle manifeste ont valeur d'expression* »[130]

Nous connaissons l'importance des échanges de regard, signe fondamental d'une rencontre affective qui se tisse entre une mère et son bébé. De nombreuses études ont montré que le bébé naissait avec la capacité innée de préférer un visage humain (d'un visage inanimé) et d'être sensible très tôt à la voix (in-utéro). Les échanges précoces sont basés sur l'imitation (neurones miroirs), prémices de la communication. Le bébé en situation de polyhandicap ressent le regard que pose sa mère sur lui en le regardant non pas seulement avec ses yeux mais aussi avec son cœur. Stern évoque « un ballet de l'ajustement mimo-gestuel-postural »[131] où les gestes, les mimiques et les postures de l'un correspondent et s'ajustent à ceux de l'autre. Cette forme de sensorialité partagée est la base d'un possible partage émotionnel que Andreas Fröhlich nomme le *dialogue somatique*. Il s'est appuyé sur les travaux de Ursula Haupt, psychologue, qui s'est intéressée aux états dépressifs chez les enfants avec un handicap grave. *Le dialogue somatique* était utilisé dans le champ thérapeutique et tenait compte de la psychodynamique des émotions. Il se concevait avant tout comme une approche visant à comprendre ces enfants, à refléter leurs propres sentiments négatifs (la colère, la peur) et positifs (la joie,

[129] PAGANO C., La stimulation basale, éditions Erès, p.99, 2020

[130] FRÖHLICH. A – Le concept, éditions SZH, 1998

[131] STERN D., Rythme et intersubjectivité chez le bébé, Erès, p.155, 2018

le besoin de proximité), de façon qu'ils puissent les ressentir, les identifier, même sans langage verbal[132]. Au fil du temps, ce *dialogue somatique*, au sens haptique (*dans la modalité sensorielle somesthésique, l'association du toucher et du mouvement permet l'exploration active du monde extérieur*) est devenu un principe important de la stimulation basale. Il peut se définir comme *une danse* où l'on bouge ensemble pour ressentir l'autre au-delà d'une simple imitation, une invitation à entrer dans la danse par des mouvements ou des micromouvements ; par un toucher qui invite l'enfant à sentir, ressentir, éprouver afin de prendre conscience de son corps, du corps de l'autre dans un partage émotionnel que l'on appelle résonance[133]. Lorsqu'un être est en relation avec un autre, même sévèrement handicapé, la rencontre se produit sans qu'il y ait d'intentions précises, il y a adéquation. L'histoire d'une relation (bonne ou moins bonne) commence dès la première rencontre.

De façon plus globale, cette rencontre ne peut être vécue par une personne en situation de handicap sévère (enfant ou adulte) que si l'accompagnant ou le parent l'invite à se sentir en sécurité et entendu par une écoute particulière et sensible, en deçà des mots qui ne peuvent être prononcés. Une compréhension approfondie et un ajustement aux ressentis émotionnels, sensoriels et corporels permettent de vivre la rencontre en résonance non pas par le langage verbal mais par *le dialogue somatique.* Celle-ci n'est possible que dans une juste proximité, c'est-à-dire dans les espaces vital, intime et sécure. Être présent à soi et à l'autre lors de la rencontre, dans l'ici et maintenant,

[132] FRÖHLICH A., Basale Stimulation, Ein Konzept für die Arbeit mit schwer beeinträchtigten Menschen, Verlag selbstbestimmtes Leben, Düsseldorf, 2015
[133] VANMAEKELBERGH P., Résonance et consonance dans la stimulation basale, www.stimulationbasale.fr , 2024

favorise l'émergence de la conscience de soi et de la conscience de l'autre, même si celle-ci reste minimale au premier abord : « *Le Dialogue Somatique avec ses mouvements assez fins permet d'entrer sans paroles dans le ressenti actuel de l'autre. La tension des doigts, le positionnement et les mouvements des mains, les mouvements respiratoires de la poitrine, le balancement de la tête et bien d'autres choses encore nous donnent la possibilité d'utiliser nos neurones miroirs. Nous « imitons » les mouvements de l'autre - non pas pour montrer quelque chose, mais pour ressentir quelque chose !* » [134].

La *communication basée sur le corps* et plus largement les expériences dites basales (perceptions somatiques, vestibulaires et vibratoires) peuvent faciliter la rencontre dans une *juste proximité* corporelle et émotionnelle qui se situe essentiellement dans l'espace de rencontre (vital, intime et sécure) de la personne en situation de handicap sévère. Elles permettent à l'accompagnant d'ajuster ses propositions au profit de la personne dans un cadre sécurisant et adapté aux besoins et aux compétences de celle-ci. Créer un contexte sécurisant en prenant le temps, celui d'une véritable rencontre non pas par les mots mais par le corps, favorise un sentiment d'être un sujet à part entière en se sentant écouté, compris, respecté et valorisé dans ses compétences, si minimes soient-elles. Ainsi, être dans une juste proximité (*psychique et corporelle*) incite les accompagnants à ne pas être intrusifs ou envahissants et permet à la personne de percevoir son corps comme son espace de vie qui est également son espace de rencontre.

---

[134] FRÖHLICH A., *Basale Stimulation, Ein Konzept für die Arbeit mit schwer beeinträchtigten Menschen Verlag selbstbestimmtes* Leben, Düsseldorf, Seiten 226 - 230, 2015

<u>Brèves de terrain (très brèves)</u>

Théo est âgé de 3 ans, il n'aime pas être touché au moment de la toilette, le déshabillage est très difficile. Cependant, en éveil musical quand Sylvie, AMP, chante une chanson (enveloppement sonore), il se sent apaisé et en confiance et le toucher est possible. Alors, elle lui chante des chansons pendant la toilette et il accepte plus facilement d'être déshabillé et touché.

Pauline est âgée de 2 ans, elle est très restreinte dans ses capacités de mouvement. Les changements de position, être portée et manipulée l'insécurise, elle crie, se tend et parfois pleure. En éveil sensoriel, Simon, éducateur, lui propose des petits temps dans un hamac, des balancements à un rythme lent, varié. Aujourd'hui, elle accepte plus facilement d'être portée, elle est moins tendue et se sent plus sécurisée dans les bras de Simon.

<u>Brèves de terrain n°7 : Préserver la vie et ressentir son développement</u>

Cette situation est issue d'une expérience vécue lorsque j'étais éducatrice spécialisée. Je l'ai présentée lors d'un colloque à Paris sur le thème de la pédagogie.

« Bonjour je m'appelle Malo, ma vie quotidienne est rythmée ainsi : je suis levé et couché, je suis lavé, je suis habillé, je suis soigné, je suis alimenté par un tuyau qui rentre dans mon estomac, pas par la bouche car je risque à tout moment d'avaler de travers. Je passe mon temps dans ma chambre, dans mon lit ou dans mon fauteuil. Des personnes prennent soin de moi, elles me réveillent tous les matins et m'emmènent dans la salle de bain, une fois que ma toilette est faite, je suis fatigué ; même si je ne peux pas bouger, la toilette me fatigue, je fais beaucoup d'efforts

pour percevoir et ressentir mon corps. Je pleure parfois quand on me tourne sur le chariot douche, cela va trop vite. J'ai parfois froid, j'ai la chair de poule alors je pleure à nouveau car c'est désagréable. J'aime quand j'ai une serviette sur moi, j'ai moins froid et je ressens bien plus ma peau et mon corps, c'est une sensation agréable, j'ai moins peur. J'aime quand on me chante des chansons, j'essaie de répondre même si cela est difficile pour moi alors je vocalise et je souris quand je me sens bien. Parfois, je me sens bien mais mon cerveau se « déconnecte », cela dure quelques secondes, quelques minutes parfois mais ensuite c'est très difficile pour moi d'être à nouveau présent » [135].

Ce temps quotidien était un moment difficile pour cet enfant. Il pleurait ou gémissait pendant quasiment toute la durée de la toilette, sa respiration était haletante, son corps frissonnait, chaque changement de position accentuait ses pleurs. Quant à la personne qui s'occupait de lui, elle lui parlait peu, donnait très peu d'informations verbales sur ce qui allait se passer et très peu d'informations sensorielles. Elle le déshabillait trop rapidement, le savonnait de façon très « désordonnée » passant d'une partie du corps à l'autre, le tournant sur les côtés de façon saccadée. Une approche plus basale a été proposée dans le cadre de son accompagnement afin de modifier la façon dont la toilette était proposée pour qu'il puisse vivre ce moment comme une expérience positive et rassurante (expériences sensorielles et corporelles agréables dans un contexte de sécurité physique et psychique). Nous avons utilisé dans un premier temps des serviettes qui recouvraient son buste et ses jambes. Le jet d'eau sur la serviette partait du haut de son buste et allait

---

[135] PAGANO C., *Petites rencontres au quotidien*, actes du colloque Pédagogie et polyhandicap, juin 2014, Cesap, Paris

jusqu'à ses pieds de façon rythmée et ritualisée. Dès la première toilette « basale », Malo a eu un tout autre comportement. Ses pleurs se sont estompés puis se sont arrêtés. Au fil des semaines, la toilette est devenue un moment agréable : en ritualisant le début par un déshabillage accompagné d'une chanson ; en verbalisant tout ce qui allait se passer et en y associant le toucher à chaque partie du corps mobilisée, bougée et stimulée ; en proposant des changements de position de façon progressive afin de lui laisser le temps de les intégrer et de les percevoir. Au fi du temps, les gémissements sont devenus rares, les changements de position ne provoquaient plus de pleurs. Il était beaucoup p us présent, sa respiration était régulière, son regard était plus vigilant, il vocalisait de plaisir et pouvait parfois sourire, parfois répondre aux sollicitations de l'adulte par des vocalises.

Créer un contexte sécurisant en prenant le temps, en favorisant une *juste proximité,* en étant à l'écoute de l'enfant, a permis de le rencontrer avec délicatesse dans son espace vital, intime et sécure permettant à Malo de se sentir sujet, c'est-à-dire écouté, compris, respecté et valorisé dans ses compétences, si minimes soient-elles

Le thème essentiel - Préserver la vie et ressentir son développement - signifie que les problèmes médicaux sont au premier plan. En Allemagne, la stimulation basale est présente dans les soins, notamment en néonatologie, en réanimation adultes et en soins palliatifs.

Ce thème revêt donc l'importance de préserver les fonctions vitales. La protection des grandes fonctions de l'organisme, en particulier la respiration et la nutrition, est essentielle. Les soins de base consistent à alimenter et à hydrater la personne tout en protégeant les voies respiratoires, en assurant l'intégrité de la peau et des muqueuses par l'hygiène individuelle et par les changements de position. Le mouvement est une aide pour faciliter la digestion, la respiration, la circulation, la minéralisation osseuse. Dans ces cas de grande fragilité physiologique, il est nécessaire d'adjoindre à ces soins de base, des interventions médicales, souvent des soins médicaux constants.

Au-delà des soins médicaux, notre peau, notre corps nous permettent d'expérimenter les limites qui nous séparent de notre environnement. La maladie ou le handicap entrave considérablement la perception de notre corps (douleurs, immobilité, spasticité, épilepsie sévère, etc.) diminuant nos capacités à le ressentir et à « l'habiter » *(ressentir son développement).*

Au-delà du corps douloureux, les personnes touchées par une maladie ou un handicap sont traversées par des émotions et des sentiments très forts, positifs et négatifs, parfois ambivalents. Andreas Fröhlich se réfère aux « *phénomènes de soins* » décrits par Silvia Käppeli [136] qui nous aide à mieux comprendre ce que peut éprouver une personne face à la maladie ou au handicap. Voici quelques exemples :

- La perte d'autonomie : « *D'autres personnes décident à ma place* ».
- Les interventions physiques : « *Mon corps est touché par d'autres personnes* ».
- La perte de communication : « *Je ne peux pas m'exprimer, je ne comprends pas les autres* ».
- Les soucis : « *Je me fais du souci pour ma famille, mon travail, l'argent...* ».
- La peur : « *J'ai peur de la douleur, du diagnostic, des interventions, du futur* ».

---

[136] FROHLICH A., Basale Stimulation in der Pflege, das Arbeitsbuch, 2. Auflage, 2010

- La confiance *(envers les aides proposées par les soignants)*.
- La conscience de sa propre valeur *(mes forces, ma motivation)*.
- La croyance *(comme force spirituelle)*.

*Brèves de terrain - La proxémie en **S**entimètres illustrée par Thierry Rofidal*

Lorsque j'étais jeune médecin, je participais à l'activité d'un service d'Hospitalisation de Moyen Séjour (nommé maintenant service de Soins de Suite et de Réadaptation) au sein du CHR. J'avais suivi les rares et brefs enseignements post-universitaires en Soins Palliatifs et en Algologie prodigués à l'époque et je m'occupais particulièrement des patients en fin de vie.

Je devais, ce matin-là, réévaluer le traitement antalgique de Madame Y. et avant d'entrer, je jetais un coup d'œil dans sa chambre dont la porte était incomplètement fermée. Je vis alors une scène saisissante . la patiente était allongée dans son lit dont les deux barrières étaient relevées et de part et d'autre du lit, se tenaient debout son frère et son épouse d'un côté, sa sœur et son mari de l'autre, tous silencieux.

Je n'ai pas osé pénétrer dans la pièce à ce moment. Je suis revenu un peu plus tard, la porte était alors fermée, j'ai frappé et je suis entré. Madame Y. était dans la même position, son regard triste s'est dirigé vers moi. J'ai posé la main sur la barrière de son lit et lui ai demandé : « vous permettez ? ». Sans attendre sa réponse, j'ai baissé cette barrière et je me suis assis au bord de son lit. Je n'ai pas souvenir de ce que nous nous sommes dit alors. La seule chose qui est restée puissamment gravée dans ma mémoire est sa main qui, malgré sa grande fatigue, est venue se poser sur mon avant-bras.

5. Les espaces de rencontre : des espaces pour prendre soin de soi et de l'autre

La relation n'est jamais neutre

La relation entre un accompagnant et une personne en situation de handicap sévère est une relation dite asymétrique dans le sens où l'absence de langage verbal chez la personne induit une asymétrie dans les échanges et les émotions vécues (des silences, des manifestations corporelles peu explicites des expressions faciales minimes, des réactions inadaptées comme un rire paradoxal, peu ou pas d'échange de regard, etc.). Les émotions naissent de nos sensations (capacité à éprouver et à se mouvoir dans l'action). Une émotion se situe dans l'éphémère, le ponctuel et sa manifestation est habituellement adaptée à une situation vécue, ce sont essentiellement les émotions de base telles que la peur, la surprise, la colère, la joie, la tristesse et le dégoût (décrites par Darwin). Le sentiment est quant à lui plus durable et il peut évoluer avec le temps, les circonstances ou des évènements particuliers (l'amour, la haine, la confiance, etc.).

Les émotions sont indispensables pour comprendre l'autre (émotions dites sociales). La rencontre n'est jamais neutre, nous éprouvons des émotions qui nous aident à être en relation avec l'autre et à adapter notre attitude à celle de notre interlocuteur. Cependant, face à une personne en situation de polyhandicap, nous éprouvons des difficultés à identifier ses émotions, donc à les comprendre. De façon générale, exprimer ses émotions nous rapproche, les partager nous permet de se sentir compris et soulagés. Lorsque les émotions circulent, elles créent des liens d'attachement. Dans toute famille, les membres communiquent aussi sans les mots. Quand nous sommes proches (intimes), les mots ne sont pas toujours nécessaires pour comprendre l'autre ; son attitude, ses réactions, ses silences parlent. Nous oublions qu'enfants, avant de parler, nous exprimions nos émotions essentiellement par le corps. Puis, vient la parole ; l'enfant éprouve alors le besoin de partager ses émotions (ses joies, ses peurs, etc.) et apprend à les exprimer verbalement. Au-delà de l'expression, la régulation des émotions est difficile chez les personnes en situation de handicap sévère et dépend de « sa fenêtre de tolérance émotionnelle »[137]. La personne dispose *« d'une grande amplitude de régulation émotionnelle, un registre étendu et équilibré entre l'excitation [...] et l'inhibition. Une telle personne a donc de grandes capacités à partager ses émotions, à être accessible et ouverte aux autres. A l'inverse, si la fenêtre de tolérance est étroite, ses capacités de régulation personnelle des émotions sont limitées, et il lui sera difficile d'être sensible aux émotions des autres d'une manière empathique »*[138].

Nos émotions sont également nécessaires à la compréhension du monde. Lorsque nous vivons des émotions trop fortes, elles peuvent avoir un impact sur notre capacité à raisonner sereinement. Ne dit-on pas que *l'amour rend aveugle* ? Notre capacité de raisonnement est liée à la capacité d'exprimer verbalement ce que nous ressentons. Ainsi, raconter, se raconter permet de développer ses capacités mnésiques.

---

[137] DELAGE M., La vie des émotions et l'attachement dans la famille, Odile Jacob, p.61, 2013

[138] DELAGE M., La vie des émotions et l'attachement dans la famille, Odile Jacob, p.61, 2013

Juste proximité plutôt que juste distance

Lorsque la parole est absente, le corps parle. Les personnes en situation de handicap sévère manifestent très souvent leurs émotions par une communication corporelle, ce que Andreas Fröhlich nomme *la communication basée sur le corps.* Par une observation fine, une présence dans l'ici et maintenant, un toucher de qualité, l'accompagnant peut apprendre à décoder ces manifestations, y mettre du sens afin d'encourager la personne à communiquer ses émotions et ses sentiments. Elle ne peut le faire que si la proximité émotionnelle et corporelle avec son accompagnant est adaptée (juste proximité).

Les cadres des établissements minimisent trop souvent l'impact des ressentis des professionnels sur la qualité de leur accompagnement auprès de ces personnes, en leur demandant d'être dans une juste distance (émotionnelle), être professionnel avant tout ! N'est-il pas préférable que les accompagnants soient plutôt dans une *juste proximité* de leurs affects afin de pouvoir mieux les identifier, les comprendre et les accepter ? Les émotions sont en lien avec l'intrapsychique (vers soi) alors que les affects sont davantage en lien avec l'interpsychique (vers l'autre), c'est-à-dire, en lien avec l'intersubjectivité (la relation entre deux personnes). Que ressent un accompagnant face à une personne qui l'agresse physiquement, qui met en permanence ses mains dans sa bouche, qui bave en permanence, qui « joue » avec ses selles ; ou à l'inverse, face à une personne qui ne réagit pas, qui n'est pas du tout expressive ou qui est très douloureuse ? Les accompagnants, au quotidien, sont amenés à être très souvent dans les espaces vital, intime et sécure de la personne et réciproquement la personne est aussi dans l'espace vital, intime et sécure de l'accompagnant. Ces situations quotidiennes (un soin, une toilette, un repas, une mobilisation, un transfert, un lever, un coucher, etc.) sont vécues dans une intimité partagée qui nécessite de la part de l'accompagnant une posture adaptée, bienveillante et délicate. Intimité et conscience de soi sont liées, notre capacité à investir et à habiter notre corps suppose que nous le reconnaissions de l'extérieur *(se reconnaître dans un miroir)* et de l'intérieur *(éprouver et intégrer toutes les expériences sensorielles et motrices dans notre corps).*

Entrer dans l'intimité d'une personne dépendante et vulnérable avec respect et empathie lui permet d'éprouver son corps comme *sien* et d'intégrer des expériences significatives qui lui permettront de mieux le ressentir et le percevoir. Ainsi les espaces de rencontre et plus globalement l'approche basale aident aussi les professionnels à mettre des mots sur leurs ressentis, à partager ce qu'ils vivent au quotidien et à donner du sens à leur accompagnement.

Les espaces de rencontre, trouver et développer son propre rythme

L'être humain serait-il humain sans ressentir des émotions ? Nous avons un besoin inné de nous attacher dès notre naissance (Bowlby, 1951). Les relations d'attachement qui se sont construites dès notre berceau (et bien avant selon des études récentes), basées sur des liens interpersonnels et affectifs, se poursuivent tout au long de notre existence et influencent nos relations (familiales, conjugales, amicales et sociales). Celles-ci sont différentes et évoluent selon les cycles de vie : besoin de protection et de sécurité pendant l'enfance, besoin d'indépendance et d'autonomisation à l'adolescence, recherche de relation amoureuse stable à l'âge adulte, et besoin de proximité et de sécurité lorsque nous vieillissons. Notre manière d'appréhender la vie est dépendante de notre perception du temps et de l'espace. Andreas Fröhlich insiste sur la notion de cheminement, cheminer ensemble nous permet de ne pas devancer « les pas » de la personne au risque de la perdre en chemin. La considération positive de la personne est une valeur intrinsèque de l'approche basale, elle permet de valoriser ses ressources au détriment de ses difficultés en l'accueillant sans attente et sans jugement. Ainsi la personne, selon ses capacités et son rythme, peut tisser des liens si elle se sent en confiance et en sécurité. Ce sentiment de sécurité « basale » permet à la personne de s'ouvrir à un monde signifiant, rassurant et compréhensible.

Les espaces de rencontre grâce la *proxémie* basale invitent les accompagnants à être dans une relation d'aide et de soutien centrée sur les compétences de la personne *(communiquer, ressentir des émotions et des sentiments, faire des expériences avec d'autres personnes, ressentir son corps - se ressentir dans son corps, bouger, percevoir et comprendre)* en s'adaptant à son rythme *(trouver et développer son propre rythme)*.

Le thème essentiel - Trouver et développer son propre rythme - est un des thèmes les plus difficiles à mettre en œuvre pour les accompagnants. Ce thème est très en lien avec les habitudes de vie *(cf. biographie sensorielle - chapitre II)*. La difficulté majeure est de trouver un juste équilibre entre le rythme individuel de chaque personne en situation de handicap sévère et le rythme institutionnel ; entre les temps du quotidien et les activités occupationnelles, éducatives, paramédicales, etc. ; entre les temps d'activités et les temps de repos ; entre le rythme de jour et celui de nuit ; entre le rythme de la semaine et celui du week-end, entre le rythme des parents et celui des professionnels et entre le rythme de la personne et celui de son accompagnant. Il est surtout en lien avec le TEMPS et la TEMPO-RALITÉ tout simplement. Les temps du quotidien sont souvent soumis à un rythme soutenu (les levers, les petits-déjeuners, les toilettes, les repas, etc.), trop soutenu parfois dans certains établissements parce que les temps du quotidien ne sont pas toujours valorisés et reconnus comme des espace-temps privilégiés, répondant aux besoins des personnes en situation de handicap sévère.

Parfois, la toilette est bien plus profitable *(lorsqu'elle est dite « basale »)* qu'une activité occupationnelle. Que doit-on privilégier ? Une toilette qui demande beaucoup plus de temps qu'une toilette dite « habituelle » (en établissement) mais qui sera profitable à la personne et à l'accompagnant. Prendre son temps, s'adapter au rythme de la personne permet également à l'accompagnant de ne pas se sentir oppressé ou redevable de faire « son quota » de toilettes. Les temps d'intimité partagée (une toilette, un change, un soin, un repas) ne devraient pas être quantifiables uniquement en temps mais surtout en qualité, celle d'une rencontre, bienveillante et adaptée aux besoins des personnes accompagnées. Avoir un emploi du temps bien rempli en termes d'activités n'est pas toujours synonyme d'un accompagnement relationnel de qualité, tant s'en faut, la qualité de celui-ci ne se mesurant pas au nombre d'activités cochées dans son projet personnalisé [139].

Brèves de terrain n°8 : Trouver et développer son propre rythme

Philip Vanmaekelbergh, orthopédagogue et formateur en stimulation basale, nous parle de la rencontre avec un jeune homme

---

[139] ROFIDAL T., PAGANO C., Projet individuel et stimulation basale, Erès, 2018

polyhandicapé. Cet extrait est tiré de son article intitulé « La simple rencontre basale »[140].

« Jan est généralement ravi lorsque nous utilisons le lève-personne pour le transfert de son fauteuil sur la table de soins. Il y atterrit en douceur : d'abord les pieds, puis les fesses, le dos et enfin la tête sur un oreiller. Je rapproche ses mains sur son ventre et je donne un petit mouvement de bascule. Jan sourit, sentant la table de soins sous lui. Je lui suggère de "sauter" plusieurs fois. Je passe mon bras sous ses genoux et je plie ses jambes en veillant à ce que ses pieds restent en contact avec la table. Puis je lui demande de compter avec moi : un, deux et à trois, les jambes s'élèvent pour retomber avec un bruit sourd. Une vibration traverse ses jambes, des pieds au bassin. Nous le faisons plusieurs fois. Enfin, je laisse les pieds glisser sur la table et nous commençons la toilette.

Jan est allongé sur le dos, le visage tourné vers la gauche. C'est une posture dans laquelle il est plus ou moins à l'aise. Pour lui mettre une protection, je dois le tourner sur le côté. Je lui dis que je vais le tourner vers moi. Il sourit. Je mets mes mains sur son épaule et sur sa hanche gauche. Et puis je compte jusqu'à trois. Aux deux premiers comptes, je fais un début de mouvement et au troisième compte, je le tourne soigneusement vers moi. Sa tête "pend" un peu au début, puis revient avec un lent balancement. Jan garde les yeux ouverts pendant tout le trajet et suit d'un air détendu. Il aime s'allonger sur le côté droit pendant un moment car, de là, il a une vue d'ensemble de toute la salle de bains. Je souligne sa posture latérale avec quelques petits mouvements entre l'épaule et le bassin.

---

[140] VANMAEKELBERGH P., La simple rencontre basale, www.stimulationbasale.fr , 2021

Nous allons rafraîchir le visage de Jan. Il sait déjà ce qui va se passer lorsque je passe le gant de toilette sous l'eau, lorsque je l'essuie un peu et lorsque je m'approche de lui. Il vérifie d'abord la température de l'eau avec sa main droite, puis je frotte lentement son visage : du front au menton en suivant différents chemins. Et puis c'est à son tour. Je mets le gant de toilette sur sa main droite et avec ma main sur la sienne nous allons vers le front d'où nous frottons lentement son visage. Il est attentif. La deuxième fois, je lâche sa main sur son front. Il la retire rapidement en s'excitant légèrement. On recommence et maintenant il laisse sa main plus longtemps. Son regard est sérieux. Il passe lentement sa main sur son visage. Il sourit un instant en touchant ses lèvres.

Nous profitons du moment pour partager notre satisfaction. Puis, je ramène ses deux mains ensemble sur son ventre. Je ne peux que le féliciter pour une action aussi intense. »

IV Prendre soin de ceux qui prennent soin des autres
Thierry Rofidal*, Concetta Pagano**
avec la participation de Marielle Lachenal

« Sans aller vers ce qui n'est pas soi,
impossible de savoir qui on est.
Sans rencontrer l'autre,
impossible de se rencontrer. »
Charles Pépin

1. Quelle pratique médicale auprès d'une personne en situation de polyhandicap ?*

La médecine est-elle une science ? Est-elle un art ? Elle « peut être dite une science appliquée ou une somme évolutive de sciences appliquées »[141] ; en ce sens qu'elle repose de plus en plus sur des techniques qui, utilisant les sciences fondamentales, ont fait progresser de manière spectaculaire la lutte contre les maladies. Mais la médecine reste un art de la relation à un être en proie à une maladie ou craignant de l'être, un être

---

[141] CANGUILHEM G., « Le statut épistémologique de la médecine », dans Études d'histoire et de philosophie des sciences concernant les vivants et la vie, Paris, Vrin, 1994, p.423

semblable au médecin. La médecine reste un art où la parole est un pilier de cette relation, parole qui établit le patient comme sujet, dans son histoire. La médecine est un art qui cherche à comprendre un corps, son fonctionnement ou son dysfonctionnement ; cette relation au corps utilise les modalités sensorielles du médecin en particulier le toucher du corps du patient dans son intimité. Tout ceci peut se résumer en disant que la médecine est un « mélange d'art et de technique au service d'un sujet souffrant »[142]. Mais quelle pratique médicale auprès d'une personne polyhandicapée ?

La relation entre le médecin et la personne polyhandicapée

Que cette personne polyhandicapée soit un « sujet » n'a jamais fait aucun doute dans mon esprit de soignant. Elle est « être humain » car issue de mère et de père « humains ». La question posée est plutôt : comment, dans ma pratique médicale (art et technique), la personne polyhandicapée peut-elle être, de façon constante, le sujet à qui j'offre mes soins ? Comment allons-nous entrer en relation, l'un avec l'autre ? Comment la confiance réciproque indispensable à cette relation peut-elle s'instaurer ? Comment l'évaluer ? Réciprocité et communication sont deux piliers indispensables à cette relation. Qu'en est-il avec la personne polyhandicapée ?

Bien des tâtonnements, des erreurs dans le savoir-faire et le savoir-être, des échecs dans la relation produisant chez la personne polyhandicapée face à moi des comportements troublés ou troublants m'ont conduit à un désarroi, un découragement. J'aurais certainement abandonné si j'avais été seul. Heureusement, seul, on ne peut rien pour une personne polyhandicapée.

---

[142] BEN SOUSSAN P. La médecine est-elle encore un art du salut - Cancer(s) et psy(s) 2019 - 1 (n° 4), pages 18 à 37

En équipe pluridisciplinaire, arts et techniques prouvent leur complémentarité si on sait les réfléchir, amenant à proposer d'adapter notre savoir-faire, notre savoir-être, toujours par tâtonnements. Ainsi, la confiance s'installe petit à petit, la relation permet la rencontre, la rencontre aide la pratique médicale.

Mais qu'est-ce que cette pratique ? Quel est le rôle du médecin ? L'étymologie nous révèle que ce mot prend son origine d'une racine « *med* » qui exprime l'idée de « prendre avec autorité et réflexion des mesures... »[143]. Cette racine a donné en latin aussi bien *medicare,* soigner que *meditari*, étudier, *meditatio,* réfléchir, puis la racine est devenue « *mod* » donnant *modus,* mesure et bien d'autre mots comme accommoder, modeste... La mesure serait donc étroitement liée à la médecine : prendre des mesures (la technique), avec mesure (l'art).

Handicaps primaire et secondaire

Dans la pratique médicale auprès de la personne polyhandicapée, il est important de comprendre que les lésions cérébrales à l'origine de cette situation de vie si particulière différencient sur le plan nosologique deux niveaux de handicap[144].
D'une part, le handicap primaire regroupe les déficiences intellectuelles, motrices, sensorielles et l'épilepsie ; ces déficiences sont directement en rapport avec les lésions cérébrales fixées ou évolutives, irréversibles et ne peuvent donc pas guérir. Les incapacités qui résultent de ces déficiences sont à l'origine de la restriction extrême de l'autonomie. Le handicap primaire constitue le premier niveau des besoins de la personne polyhandicapée et

[143] PICOCHE J. Nouveau dictionnaire étymologique du français, Hachette 1971, p.446
[144] ROFIDAL T., BREDILLOT M. - Le médecin et l'infirmière - 2021 in La personne polyhandicapée DUNOD 2° Ed.

implique des soins de vie quotidienne, le « prendre-soin », le savoir-faire et le savoir-être « avec mesure ».

D'autre part, le handicap secondaire résulte de la somme de tous les problèmes de santé qui compliquent les déficiences du handicap primaire (problèmes orthopédiques, respiratoires, digestifs, nutritionnels...). Ces derniers sont évolutifs, parfois rapidement, et constituent un deuxième niveau de besoins qui doit faire l'objet de soins à long terme en prévention d'une aggravation. La personne polyhandicapée doit être soignée, ces soins consistent à prendre des mesures.

Cette classification schématique m'a donné quelques repères au début de ma rencontre avec les personnes polyhandicapées. Alors que la parole éducative clamait que maladie et handicap devaient être différenciés (ce qui n'est pas faux), les médecins précurseurs de la spécificité de l'accompagnement médical de la personne polyhandicapée nous expliquaient l'importance des « mesures »[145] à prendre chez ces enfants et ces adultes souffrant de multiples problèmes de santé. Bien-sûr, prendre des mesures n'exclut pas de le faire avec mesure.

De façon habituelle, la pratique médicale repose sur un échange verbal entre médecin et patient qui recherche l'histoire d'un ou de plusieurs symptômes dans l'histoire de la personne. Cet « interrogatoire » dirige un examen clinique qui recherche, sans interposition de technique complexe, d'autres signes pouvant expliquer ces symptômes. Un examen clinique cherche, en quelque sorte, à recueillir des renseignements sur le fonctionnement de l'organisme de la personne, à travers son enveloppe, sa peau : palpation d'organes ou mobilisation de segments du

[145] GEORGES-JANET - Fonction soins auprès des enfants, adolescents, adultes polyhandicapés, CESAP Informations, 1988

corps par le toucher, auscultation (mettant en jeu l'audition) des bruits émis par le fonctionnement de certains organes (cœur et artères, appareil respiratoire...), inspection visuelle du corps, de son enveloppe mais aussi à travers ses orifices (bouche, oreilles) et parfois palpation à travers d'autres orifices : le toucher rectal est un examen clinique irremplaçable dans certaines pathologies digestives, en particulier dans la constipation chronique. Quels que soient les symptômes d'un patient, l'examen clinique est indispensable et il touche à l'intime. Les mains du médecin se posent sur le corps, parfois un peu plus. L'appréhension d'un patient, suscitée par une main posée sur un abdomen, tend les muscles de la paroi qui empêchent la palpation des organes abdominaux. La compréhension de cet examen et la confiance réciproque des deux protagonistes doivent être parfaites.

La « clinique de l'extrême »

Dans ces circonstances, un examen clinique est-il possible chez la personne polyhandicapée ? Elle n'a pas toutes les ressources cognitives pour comprendre la finalité de l'examen et a très souvent un vécu de son corps douloureux et le souvenir d'expériences traumatisantes dans son parcours de santé. Elle n'a pas de raison, a priori, de faire confiance à celui qui le touche. De plus, cette personne a peu de possibilités d'expliquer ses symptômes. Heureusement pour elle, les aidants de la vie quotidienne, ses parents en premier lieu, l'équipe de l'établissement qui l'accompagne ont cette connaissance fine, cette intuition parfois, ce bon sens toujours qui leur permettent de reconnaître « qu'elle n'est pas comme d'habitude » et qu'elle est probablement souffrante. Donc, non seulement l'examen clinique est à la limite du possible mais en plus, il ne sait pas bien ce qu'il cherche. Nous sommes, comme l'explique Georges Saulus, dans la « clinique de l'extrême »[146].

À la fin des années 80, une Maison d'Accueil Spécialisée a été créée dans le village où j'exerçais la médecine libérale parallèlement à un exercice hospitalier dans un service de Soins de Suite et de Réadaptation. Ni ces exercices ni mes études, encore récentes, ne m'avaient préparé à cette rencontre avec le monde de la personne polyhandicapée. La littérature était très pauvre à l'époque. Est-ce l'inconnu qui m'a conduit à accepter la mission que l'on me proposait ? L'équipe embauchée en même temps que moi dans cet établissement n'avait, à quelques exceptions près, pas plus d'expérience que moi de cet accompagnement. Le peu de temps hebdomadaire qui m'était attribué pour ce travail me conduisait, avec une équipe paramédicale très réduite à examiner les personnes qui présentaient des symptômes physiques (fièvre, anorexie, crise d'épilepsie...) ou des signes de blessure après une chute, un coup.

Lorsque cet examen était difficile, ce qui était souvent le cas, le « patient[147] » était tenu par un aidant, le plus souvent au niveau des mains ou des poignets pour contenir ses réactions de défense car il cherchait à protéger la zone examinée ou à éloigner les mains qui le touchaient avec des gestes souvent violents et brusques. Cette pratique ne faisait qu'exacerber ses réactions. Une pratique se voulant bienveillante (l'examiner pour le soigner et l'empêcher de se blesser) était maltraitante (sa violence répondait à la violence ressentie, provoquée par l'examen). Intuitivement, nous avons modifié notre façon de « contenir » les

---

[146] SAULUS G. - La clinique du polyhandicap comme paradigme des cliniques de l'extrême, pages 125-139, Champ psy 2007 -1 (n° 45)
[147] CNRTL : Malade ; (celui, celle) qui subit ou va subir un examen médical ou une opération chirurgicale, emprunté au latin *patiens* : « qui supporte, endurant ».

gestes du patient en l'enveloppant, avec nos bras entourant les membres supérieurs depuis les épaules quand c'était possible, puis avec des draps enveloppant petit à petit tout le corps. Cette intuition a été soutenue par nos collègues psychomotriciennes qui nous ont expliqué le besoin de « contenance » de ces personnes polyhandicapées en nous montrant comment elles recherchaient elles-mêmes un enveloppement en se lovant dans un fauteuil moelleux ou en se réfugiant sous les couvertures dans leur lit.

Je commençais alors une activité de formateur sur un sujet qui me passionne, l'alimentation. C'est ainsi que, lors de réunions de formateurs, j'ai « rencontré » l'approche de la stimulation basale. Les « formatrices historiques » (Thérèse Musitelli et Dany Gerlach) qui avaient découvert cette approche en Allemagne et en Suisse et qui commençaient à l'enseigner dans les établissements en France, nous faisaient « vivre » par des expériences, les perceptions de base (somatique, vestibulaire et vibratoire). Une première lecture de l'ouvrage d'Andreas Fröhlich[148] m'a permis de comprendre que le toucher, obligatoirement réflexif (je touche le corps de l'autre et je suis touché par son corps) pouvait, s'il était adroitement mené, inaugurer cette rencontre et établir la confiance, même chez un patient qui ne manifestait pas d'opposition importante à l'examen. Par exemple, poser un stéthoscope, même tiède, sur le thorax d'une personne pour écouter les bruits de sa respiration peut provoquer un sursaut qui se reproduit à chaque fois que le stéthoscope est déplacé. Même si ces sursauts n'empêchent pas l'auscultation, ils témoignent d'une gêne pour le patient. Poser

---

[148] FRÖHLICH A. La stimulation basale, le concept – traduit de l'allemand par le SPC, Lucerne, 2e édition, www.stimulationbasale.fr, 2000

d'abord sa main sur son épaule (premier temps de la rencontre), doucement chez certains, fermement chez d'autres mais toujours sans la déplacer, fait souvent disparaitre les sursauts et permet un examen plus précis. Une brève pression (troisième temps de la rencontre) indique que l'examen est terminé. La procédure est identique pour une palpation de l'abdomen ou d'autres régions du corps.

Au fur et à mesure de ma découverte de la spécificité de l'accompagnement médical de la personne polyhandicapée, l'examen clinique préventif a pris de plus en plus de place. Non seulement le patient doit être examiné lorsqu'il présente des symptômes faisant craindre une affection de sa santé, mais également régulièrement pour évaluer une éventuelle évolution de son handicap secondaire. Par exemple, les troubles du tonus musculaire induits par ses lésions cérébrales affectent ses capacités de mouvement et de posture mais mettent aussi en péril ses articulations. L'examen des articulations chez une personne polyhandicapée est d'autant plus difficile qu'il procède à une mobilisation à la recherche d'une douleur. La douleur a une composante sensorielle (avoir mal) et une composante émotionnelle (avoir peur). Chez une personne polyhandicapée, les douleurs articulaires sont fréquentes et souvent très précoces dans la vie de l'enfant. Le corps est alors vécu comme un objet morcelé, douloureux, que chaque mobilisation fait souffrir. L'opposition à la mobilisation des articulations chez certains patients procède souvent de la peur de cette douleur. Là encore, la qualité du toucher permet de ne pas aggraver, par l'examen, le morcellement de ce corps douloureux. La main qui se pose sur le thorax, centre du corps, et qui se dirige lentement, avec un appui mesuré, parfois par de petites pressions successives vers l'épaule puis vers le bras permet d'examiner un coude ou un poignet ou vers le bassin et la cuisse, permet d'examiner un genou ou une cheville.

Avec le temps, je me suis rendu compte de la nécessité de répéter les examens cliniques chez les personnes polyhandicapées qui les supportaient difficilement, ce qui peut paraitre paradoxal.

Chez certains, l'examen doit être bref pour être accepté ; la crainte du médecin est de « passer à côté ». Dans un contexte de symptôme aussi équivoque qu'une fièvre ou une altération de l'état général évoquant une maladie aiguë ; il faut réexaminer son patient plusieurs jours de suite, parfois dans la même journée. Dans un contexte de surveillance de l'évolution du handicap secondaire, le même examen doit être renouvelé tous les mois ou tous les trimestres. L'expérience m'a prouvé que cette répétition était, contrairement à l'idée que nous en avions, bénéfique car elle avait des vertus pédagogiques : pour le médecin, en évaluant ses gestes, en observant comment faire et ne pas faire ; pour l'équipe assistant à l'examen, l'infirmier qui, lui aussi, pratique des gestes potentiellement douloureux et agressifs (injection, pansement, lavement...), l'aidant de la vie quotidienne qui déshabille, habille, fat la toilette en mobilisant les articulations ; pour le patient enfin qui vit un toucher plus agréable, informatif, ressent un corps plus regroupé, unifié, moins douloureux et apprend à moins appréhender l'examen qu'il reconnait et peut anticiper. Il va de soi que tous les gestes, depuis l'accompagnement du patient dans le lieu d'examen, sa chambre si possible, jusqu'à l'examen proprement dit, puis ce que l'on peut en conclure et « l'au revoir » est parlé quel que soit son niveau de compréhension, facilite parfois car la communication alternative améliorée (CAA).

Cet apprentissage nous a incités à proposer une formation sur l'approche de la stimulation basale à l'ensemble de l'équipe, en commençant par les éducateurs coordinateurs de l'accompagnement et l'équipe paramédicale et d'encadrement, puis de l'étendre à l'équipe de la vie quotidienne de la Maison d'Accueil Spécialisée. Quelques années plus tard, lorsque mon activité s'est étendue à l'Établissement pour Enfants et Adolescents Polyhandicapés, cette formation s'est adressée à l'ensemble des professionnels.

Les aspects théoriques tels que les perceptions de base : les informations somatiques (ressentir son corps et son enveloppe corporelle), vestibulaires (ressentir son corps par le mouvement) et vibratoires (ressentir son corps en profondeur, le squelette) sont une base nécessaire à la représentation de son propre corps, c'est-à-dire de soi. Nous avons appris qu'un toucher ritualisé en trois temps (un début, un milieu et une fin) facilitait la rencontre par un toucher informatif et rassurant pour la personne polyhandicapée. Nous avons compris que l'autostimulation était un « comportement-langage » et une compétence chez la personne polyhandicapée en se donnant des informations sensorielles dans les trois perceptions de base (se balancer, se frotter, se gratter, crier, se taper, etc.) afin de retrouver un équilibre psycho-émotionnel. Ces aspects théoriques nous ont confortés dans une pratique empirique, nous ont permis de mieux comprendre les difficultés parfois importantes pour les personnes polyhandicapées de percevoir leur unité corporelle. Ils nous ont aidé à mettre du sens sur des comportements troublants pour mieux les accompagner et ne pas s'y opposer brutalement et systématiquement.

L'adaptation de l'examen clinique grâce à la stimulation basale

Les expériences vécues, avec mes collègues, pendant les formations sur l'approche de la stimulation basale m'ont permis de comprendre ce qu'était l'enveloppe corporelle, qu'elle était fragile même chez une personne « en bonne santé » et combien il était important d'aider les personnes polyhandicapées à la construire et à l'entretenir. En effet, en quoi consiste l'examen médical que je pratique chez un patient ? En premier lieu, il est clinique[149]. Le médecin cherche à comprendre par certaines modalités sensorielles (vision, audition et surtout toucher), le fonctionnement ou le dysfonctionnement du corps de la personne examinée, en d'autres termes, comprendre de l'extérieur ce qui se passe à l'intérieur. Donc, chercher « à travers » l'enveloppe qui sépare le dedans du dehors et parfois, utiliser les « orifices » donc les « trous dans l'enveloppe » pour aller un peu plus loin. Dans un autre but (examen des articulations), mobiliser les segments du corps les uns par rapport aux autres. Si l'enveloppe est psychiquement fragile, si l'unité corporelle est médiocre, la main qui se pose sur la peau ne sera-t-elle pas vécue comme une agression intrusive, une pénétration ; la main qui fléchit et étend un genou ne risque-t-elle pas d'arracher le membre du reste du corps, la main en pince qui saisit le poignet pour l'immobiliser n'ampute-t-elle pas la main de la personne ?

S'il n'est pas conduit avec une grande prudence, l'examen clinique n'est pas possible. Le médecin s'en remettra alors aux examens paracliniques. Ils permettent d'étudier de façon de plus en plus précise l'intérieur de l'organisme sans douleur :

---

[149] CNRTL : Qui s'opère au chevet du malade, qui repose sur l'observation directe du malade alité. Méthode de diagnostic par l'observation directe, et sans l'aide des moyens de laboratoire.

radiographies, échographie, scanner, IRM... ou parfois d'entrer au plus profond du corps sans lésion d'effraction (endoscopies) mais pas sans agression ressentie. Ces examens sont irremplaçables dans de nombreuses situations cliniques complexes ou graves mais ne remplacent jamais la clinique. Pour les personnes polyhandicapées, les examens paracliniques ont deux écueils. D'abord, ils se font à l'extérieur, dans un laboratoire ou un hôpital, lieu angoissant malgré le savoir-être des professionnels (lorsqu'ils ne craignent pas la personne polyhandicapée). Souvent, la mémoire du patient est alertée par une odeur, une ambiance, une blouse blanche qui rappellent une souffrance antérieurement vécue. Ensuite, ces examens nécessitent une immobilité qui va de quelques secondes d'apnée pour une radiographie à plusieurs minutes pour un scanner. Le contact avec une table d'examen froide, l'enfermement dans un tunnel d'IRM, le bruit de la machine produisent une angoisse qui rend parfois les résultats ininterprétables. Sans parler du temps de parcours jusqu'à l'hôpital, de l'attente...

Ainsi, grâce à la compétence et la bienveillance des soignants de l'équipe, j'ai toujours essayé d'éviter les hospitalisations ou les examens paracliniques qui rassurent, j'ai toujours examiné les patients dans leur environnement intime (chambre, salle de bains) et j'ai rarement porté une blouse blanche !
Examiner une personne polyhandicapée nécessite un apprentissage. Les gestes ne sont pas très différents de celui de l'aidant de la vie quotidienne lors de l'habillage, de l'infirmier ou du kinésithérapeute pour un geste de soins. Lors des difficultés de cet apprentissage, je me suis souvent référé au travail de mes collègues psychomotriciennes, leur demandant des conseils pour aborder certaines parties du corps de telle ou telle personne ou réfléchissant avec elles sur leur accompagnement. J'ai appris des

gestes à utiliser chez un patient en regardant l'aidant de la vie quotidienne lors d'un transfert du fauteuil au lit ou lors d'un déshabillage, j'ai montré des gestes à des soignants qui me regardaient examiner un patient.

L'approche de la stimulation basale nous permet d'aller à la rencontre de l'autre avec une homogénéité dans l'équipe. Il ne s'agit pas de « faire tous pareil » mais d'avoir de la cohérence dans notre approche pour permettre à la personne polyhandicapée d'anticiper ce qui va lui être proposée, en se sentant un sujet de soins, plutôt qu'un objet soigné.

2. Quelle pratique pédagogique auprès de l'enfant en situation de polyhandicap ?**

La stimulation basale : une approche ou une méthode ?

En 1990, je décide « par hasard » de passer le concours d'éducatrice spécialisée après des études littéraires. Ce même hasard m'a permis d'accompagner de jeunes enfants gravement handicapés pendant vingt ans. J'ai découvert et mesuré la complexité et la gravité de leur handicap. Je me suis retrouvée démunie face à ces enfants. Ma préoccupation était d'abord de savoir comment les rencontrer avant même d'apprendre à les accompagner. J'étais animée d'une curiosité afin de découvrir leur façon d'être au monde. Très vite, je me suis rendu compte que les codes de communication habituels ne me permettaient pas de les rencontrer. Visiblement, nous ne parlions pas la même langue. Je devais donc trouver un moyen pour apprendre la leur.

La stimulation basale a été mon premier et mon principal « dictionnaire », aujourd'hui encore.

J'ai débuté dans un Institut Médico Éducatif (IME) au sein d'une petite section de jour qui accueillait des enfants polyhandicapés. Nous étions deux éducatrices spécialisées pour huit enfants. À ce moment-là, je n'avais jamais entendu parler de stimulation basale. J'y suis restée deux ans, puis j'ai travaillé dans un Établissement pour Enfants Polyhandicapés (EEAP) dans lequel je suis restée une vingtaine d'années et dans lequel j'ai découvert la stimulation basale grâce à Bernard, un éducateur et remarquable praticien, formé par Thérèse Musitelli. Je pressentais, sans trop pouvoir l'expliquer, que cette approche me parlait et surtout résonnait dans ma façon de penser, de faire et d'être. Elle était déjà là, présente en moi, à chaque instant, dans chaque toucher, dans chaque rencontre avec les enfants. J'ai très vite compris que c'était un formidable outil lorsqu'à mon tour j'ai été formée par Thérèse Musitelli. L'approche ouvrait un champ des possibles pour la jeune et débutante éducatrice que j'étais. Elle répondait comme une évidence à la question que je me posais et à laquelle je n'avais pas encore trouvé de réponse satisfaisante : je suis éducatrice spécialisée, oui mais spécialisée en quoi ? Une petite voix intérieure me disait « en rien » même avec un diplôme en poche, jusqu'à ce que découvre la stimulation basale. À partir de ce jour-là, je me suis sentie (un peu) spécialisée dans la rencontre auprès d'enfants polyhandicapés et plus à l'aise avec leurs parents.

La place et la fonction des éducateurs spécialisés dans cet établissement me semblaient particulières. L'éducateur n'était pas au quotidien avec l'enfant. Il intervenait auprès de ces enfants dans le cadre d'*ateliers.* Quel drôle de nom me suis-je dit !

Ce fonctionnement *en atelier* (séances individuelles de 30 à 45 minutes par enfant) a contribué à avoir une représentation erronée et « très technique » de la stimulation basale. Les éducateurs « faisaient » de la stimulation basale. Il a fallu des années pour « détricoter » cette idée et faire comprendre que ce n'était pas une activité !

Pendant les premières années, le savoir-faire primait sur le savoir-être. Les exigences institutionnelles en termes de « résultats » dans la mise en œuvre des projets individualisés d'accompagnement des enfants (nommés PIA) étaient en inéquation avec les principes mêmes de la stimulation basale. Le respect du rythme et du cheminement personnel de l'enfant était relégué au second plan. L'approche m'a permis de réfléchir et de me questionner sur le sens que je donnais à mon travail en tant qu'éducatrice spécialisée auprès d'enfants polyhandicapés. J'avais le sentiment de ne pas vraiment être utile et « efficace » sur le plan éducatif. Que puis-je apporter à un enfant polyhandicapé que je rencontre une seule fois par semaine pendant 30 à 45 minutes ? Comment créer du lien avec les parents si je les rencontre rarement, voire jamais pour certains ? Il était impensable que les éducateurs participent aux réunions de projet avec les parents, les éducateurs devaient assurer les ateliers, un simple compte-rendu suffisait et serait lu aux parents. Façon particulière de considérer le travail pluridisciplinaire ! mais surtout de mesurer la considération de l'enfant et de sa famille. Chacun devait avoir sa place et surtout y rester !

J'étais de plus en plus frustrée de ne pas être au quotidien auprès de ces enfants dans le sens où une réelle scission entre la pédagogie et le soin existait et était renforcée par le fonctionnement institutionnel. Au début des années 2000, le seul livre de référence sur la stimulation basale traduit en français était *Le concept* (1998). C'est un livre que je relis régulièrement car c'est une « mine d'or » pour découvrir et comprendre l'approche. Un paragraphe avait plus particulièrement attiré mon attention et faisait écho à ce que je vivais : « *Pendant longtemps, nous avons pratiqué la stimulation basale à la manière d'une thérapie spécialiste ou d'un programme pédagogique de stimulation (...) ; les enfants étaient sortis de leur contexte quotidien, amené par exemple dans un local spécialement aménagé à cet effet (...). Toutefois, une vision globale de l'enfant remet en question une telle procédure qui opère une rupture dans ses relations habituelles et surtout offre peu de possibilités à l'enfant d'intégrer dans son quotidien les expériences de stimulation qui peuvent être valables et intéressantes (...). C'est pourquoi nous devons nous efforcer d'organiser le programme de stimulation de manière qu'il s'insère dans la vie quotidienne de l'enfant* »[150].

Pendant de nombreuses années, l'établissement était plutôt attaché à une pédagogie « de performance ». Il fallait que les ateliers proposés soient diversifiés et aient « des résultats » visibles, quantifiables. Il fallait que l'éducatif se voie ! Le soin était réservé aux aides-soignantes et l'éducatif aux éducateurs. Il fallait absolument que l'enfant ait son « quota d'ateliers ». Les ateliers étaient alors très valorisés au détriment de la vie quotidienne. L'une des difficultés majeures était cette différence ou plutôt cette indifférence entre le soin et l'éducatif. Paradoxalement, ces réticences ne venaient pas que des soignants, certains éducateurs revendiquaient que chacun reste à sa place. Cette position, absurde en soi, ne favorisait guère la notion de globalité ni celle de transdisciplinarité.

---

[150] FRÖHLICH A., Le concept, éditions SZH, 1998

La stimulation basale était considérée par les soignants comme « une méthode de stimulation et de relaxation » que seuls des éducateurs avertis pouvaient pratiquer : on parlait de massages, de bien-être, rien de plus.

Puis un changement de direction a facilité un changement de perception et de perspectives. Une réflexion autour du travail pluridisciplinaire a été engagée afin de « mieux travailler ensemble », sous-entendu les éducateurs et les soignants. Ce travail a permis de décloisonner l'éducatif et le soin même si des réticences et des résistances de part et d'autre étaient prégnantes. Les éducateurs étaient présents dans les lieux de vie des enfants au moment des repas, sur des temps d'animation communs dont l'objectif était de créer une dynamique du « mieux travailler ensemble ». Je pouvais enfin intervenir également les matins sur des temps de toilette en proposant des toilettes « basales », c'est-à-dire, en appliquant les principes de l'approche, en binôme avec des aides-soignantes.

Cette période a été très contrastée naviguant entre résistance des unes et implication des autres. Cependant, elle a été très formatrice pour moi, je pouvais mesurer les bienfaits de l'approche basale auprès des enfants polyhandicapés sur des temps de repas ou de toilette. Avec du recul, ces temps *« d'atelier »* ritualisés et hebdomadaires avec les enfants polyhandicapés ont été des moments privilégiés qui m'ont permis de vraiment les rencontrer et les accompagner dans une démarche basale, au plus près de leurs besoins et de leurs compétences. Je les découvrais différemment chaque semaine, dans l'instant présent, avec authenticité et très à l'écoute de leur état du moment : en pleine forme ou fatigués, joyeux ou tristes, douloureux ou non, etc… C'était une richesse d'apprendre à les connaitre sous différentes facettes et de « composer » la séance en fonction non pas de ce qu'ils faisaient mais de ce qu'ils étaient. Je pense qu'aucun projet d'accompagnement écrit ne peut traduire cette richesse relationnelle, parfois « en partant de peu pour arriver à beaucoup ». Cette rencontre singulière n'entre dans aucune grille, les mots ne reflétant qu'une partie infime du vécu relationnel avec un enfant polyhandicapé. Les mots dans un projet d'accompagnement se limitent bien souvent à la partie visible de l'iceberg (tout ce qui se voit et se quantifie). La rencontre, quant à elle, permet de découvrir la partie cachée de l'iceberg.

Les classes basales

Les connaissances acquises du polyhandicap dans ma pratique d'éducatrice spécialisée et de praticienne en stimulation basale m'ont amenée progressivement à développer au sein de l'établissement une pédagogie « basale » auprès de ces enfants. L'idée de passer de séances hebdomadaires à un véritable lieu d'apprentissage au quotidien était alors comme une évidence en lisant les écrits de Andreas Fröhlich : « *Nous pouvons plaider en faveur d'une pédagogie spécialisée, créant les conditions pour qu'un enfant trouve ici et maintenant une situation qui lui permette, grâce à ses capacités, de s'épanouir et de continuer à se développer* »[151].

Des *classes basales* ont vu le jour en Allemagne (Munich) puis en Autriche (Vienne) et en Espagne (Barcelone). En 2012, j'ai visité celle de Barcelone. En 2015, le projet est accepté par

---

[151] FRÖHLICH A., Activités journalières de l'enfant gravement handicapé, éditions Deboeck, 2014

la direction et se concrétise par la création d'une *classe basale* dans l'établissement

Au niveau législatif, la loi du 11 février 2005 a initié un changement majeur de politique en matière de scolarité des enfants et adolescents handicapés et parle désormais d'inclusion scolaire. La scolarisation des enfants polyhandicapés, dans ses principes de droit, est pleinement partie prenante de ces évolutions. L'annexe 24 ter a inscrit le droit de ceux-ci à être scolarisés, pas seulement au sens d'être accueillis dans un établissement médico-social mais de bénéficier d'une scolarisation au sens d'un enseignement. Si le principe d'une scolarisation des enfants polyhandicapés est incontestablement fondé en droit, en 2015, la culture institutionnelle était aux balbutiements de la démarche d'inclusion scolaire. Nous n'étions absolument pas dans une démarche inclusive, nous faisions un peu d'inclusion. Et elle était pensée avant tout pour des enfants polyhandicapés avec de « bonnes » compétences cognitives.

Mais qu'en est-il de ces enfants polyhandicapés avec des compétences motrices, sensorielles, émotionnelles, relationnelles, communicatives et cognitives très restreintes ? Ces enfants, dits sévèrement polyhandicapés, peuvent aussi apprendre. Cependant, ils ont besoin d'un accompagnement fondé sur une grande proximité physique, une présence et une disponibilité relationnelle, un toucher de qualité qui facilitent l'émergence de leurs compétences, si minimes soient-elles. Ces enfants dont l'activité et l'horizon de perception se limitent principalement à la sphère corporelle immédiate peuvent se retrouver en grande difficulté dans un environnement trop riche en stimulations variées comme pourrait l'être par exemple une classe de maternelle ou primaire.

En pédagogie spécialisée, apprendre, selon les principes de la stimulation basale, c'est avant tout vivre et intégrer des expériences dans un environnement proche et familier pour l'enfant polyhandicapé. Les apprentissages tels que nous l'entendons (en termes d'expériences) s'acquièrent toujours dans un environnement de vie immédiat et ne concernent pas uniquement les apprentissages dits cognitifs. Là où la pédagogie se trouve souvent désemparée face à ces enfants, les principes pédagogiques de la stimulation basale ouvrent le champ des possibles pour l'enfant polyhandicapé. Ces principes ne seront pas décrits dans ce livre, ils ont été développés par Andreas Fröhlich dans un ses livres traduits en français[152]. Les principes de la classe basale ont fait l'objet d'un écrit universitaire[153] en 2016.

Cette expérience de *classe basale* proposée pendant deux années consécutives a été très enrichissante et formatrice. D'une part, elle a permis de développer un réel travail pluridisciplinaire entre éducateur, aide-soignante et aide médico-psychologique (AMP) puisque l'animation de la classe était assurée par un binôme soignant-éducateur chaque jour. D'autre part, des effets bénéfiques ont été observés et évalués chez les enfants polyhandicapés en termes de communication, de perception, de sentiment de sécurité physique et psychique et d'apprentissages estompant ces représentations où autrefois « des soins simples, un peu d'affection, quelques caresses et de petites histoires semblaient correspondre à une démarche pédago-thérapeutique suffisante »[154].

---

[152] FRÖHLICH A., Activités journalières de l'enfant gravement handicapé, éditions Deboeck, 2014
[153] PAGANO C., Représentations et réalités de l'enfant polyhandicapé, D.U éthique, www.stimulationbasale.fr, 2016
[154] FRÖHLICH A., Le concept, édition SZH, p.238, 1998

Apprendre par corps

Selon Sophie Dumont, orthopédagogue et formatrice en stimulation basale, le pédagogue est un accompagnant de l'apprentissage dans tous les moments de la vie[155] :

« Au cours de ma formation d'orthopédagogue, cet aspect de l'apprentissage a été très développé. J'ai été formée à accompagner des enfants et des adolescents avec des troubles du spectre autistique à différents moments de leur vie. Ainsi la question de la participation et de l'apprentissage sur les activités de la vie quotidienne était tout aussi importante que la réalisation d'exercices préscolaires et scolaires. Je pense même que c'est cela qui m'a le plus parlé dans cette formation : apprendre à se laver, à faire des courses, à éplucher des légumes, à mettre la table est tout aussi essentiel que de savoir lire et écrire. De fait, cet accompagnement pédagogique dans les moments de vie quotidienne m'a également appris à être dans une relation de proximité avec ces jeunes et à m'engager corporellement dans cette relation. Cet esprit de la pédagogie je l'ai totalement retrouvé dans la stimulation basale. Puis, j'ai travaillé dans un établissement qui accueillait des enfants en situation de polyhandicap. À mon arrivée, les équipes et la direction m'ont orientée vers les jeunes qui montraient le plus de compétences cognitives. Ma rencontre avec ces jeunes enfants a été déroutante et a suscité beaucoup d'interrogations mais aussi beaucoup d'envies : les découvrir avant tout et chercher ces portes d'entrée pour les aider à apprendre. Oui mais comment ? J'ai démarré très vite, trop vite. Je n'avais pas imaginé qu'il me faudrait autant de temps pour les connaître, appréhender leurs besoins,

---

[155] DUMONT S., *Apprendre par corps, les apprentissages au cœur de l'approche de la stimulation basale*, écrit de certification de formatrice, non publiée, 2020

leur manière de communiquer, leur rythme... Au départ, je me suis servie du matériel et des supports que je connaissais. J'ai été maladroite et parfois "à côté de la plaque" mais j'avais du plaisir à les accompagner : plaisir de la découverte de nouveaux enfants, plaisir d'entrer en relation avec eux, plaisir du désir de mieux comprendre leurs besoins... Je leur faisais confiance pour m'aider à y voir plus clair. Malgré mes propositions peu adaptées, certains enfants ont commencé à montrer leur intérêt, leur plaisir et leurs compétences. Quand j'y repense je me dis que le fait de leur dire qu'ils étaient capables d'apprendre n'y est pas étranger. J'étais "à côté" mais j'étais là. Ils m'ont montré des compétences et en retour je leur signifiais que je voyais leurs compétences, celles de s'exprimer, de reconnaitre une situation, de participer, de se concentrer. Je n'ai fait que valider et valoriser leurs efforts et les encourager à montrer leurs compétences. Dans cette rencontre, le pédagogue est attentif, à l'écoute, empathique, compréhensif et créatif. Il cherche la posture qui invite l'enfant à une communication et une participation active optimale. La rencontre est une réciprocité. Rencontrer l'enfant, c'est tenter de le comprendre dans son fonctionnement cognitif : que sent-il, que perçoit-il, que comprend-il pour ensuite essayer de créer des moments qui prennent sens pour lui ? En psychologie, on voit le corps essentiellement comme un lieu d'expression des symptômes. En pédagogie, il est un outil : il permet d'apprendre "par corps". Comme nous le rappelle Andreas Fröhlich, *l'enfant existe par son corps et s'exprime par son corps*. Accompagner un enfant dans ses apprentissages, c'est lui permettre de percevoir ce qui vient de l'extérieur pour qu'il se l'approprie, lui donne du sens et en fasse ainsi quelque chose qui lui est propre. Si cette expérience se fait dans la confiance, la communication, la collaboration et amène plaisir et satisfaction, l'enfant aura envie de revivre cette expérience positive. »

Brèves de terrain n°9 : Découvrir le monde et se développer par Sophie Dumont

« Paul est âgé de 12 ans, il est porteur d'un syndrome de Prader-Willi. Il participe à une activité en groupe et est habituellement installé dans son siège moulé. Il aime cette activité où il doit lancer (ou lâcher) au sol un gros dé en mousse avec sur ses faces différentes photos de parties du corps. Puis il regarde la photo du dé et ensuite montre ou bouge cette partie du corps sur lui. Aujourd'hui, exceptionnellement, il est installé dans son verticalisateur. L'activité lui est présentée comme d'habitude, on lui donne le dé mais il semble perturbé. Ses repères visuels, moteurs, perceptifs sont modifiés. Il ne peut pas s'appuyer sur les éléments cognitifs habituels qui lui permettent de se repérer. Lui d'ordinaire à l'aise, est perdu. Je lui propose d'enlever sa tablette : il n'a habituellement rien devant lui ; de plus, elle l'empêche de voir le sol et donc le résultat de son lancer (conséquence de son action). Ma collègue me dit qu'il faut lui montrer car, par imitation, il comprendra comment faire. Paul est calme et semble concentré. Je l'observe un moment et le pense capable de gérer cette situation, de pouvoir seul s'adapter aux changements. Je le pense capable de faire ses expériences par et pour lui-même. Je me positionne face à lui pour le soutenir à distance et soutenir son cheminement intellectuel. Je le guide par la voix, l'encourage. Il lâche le dé et me regarde. Je le guide pour que son regard se pose sur le cube au sol et qu'il prenne conscience de son action. Au deuxième essai, il a pris de nouveaux repères dans son espace proche, il a intégré le mouvement et le déclenche plus rapidement mais son regard ne suit toujours pas. Au troisième

essai tout s'enchaine ! Je le félicite. Paul est content : il sourit et vocalise. Il semble fier de lui et il lit aussi cette fierté sur nos visages. C'est au tour des copains. Quand le dé revient à nouveau vers lui, le geste est là mais le regard ne suit pas. Perdure une fragilité des schèmes. Le deuxième essai est le bon. On voit ici l'importance pour Paul, parce qu'il en a les capacités cognitives, d'avoir pu expérimenter par lui-même et trouver par les mécanismes décrits par Piaget, son chemin cognitif grâce à un environnement sécurisant et une communication avec l'adulte. »

« Gabin est un enfant âgé de 7 ans, en situation de polyhandicap et non voyant. Nous sommes dans la découverte d'objets en lien avec le thème du cirque. Nous proposons depuis quelques semaines l'exploration d'un marteau très informatif au niveau du toucher car le manche en plastique dur est strié sur toute sa longueur et les parties sonores sont molles et en accordéon ce qui offre encore de belles informations sensorielles. Nous lui proposons de toucher le marteau avec une guidance aidée. Gabin a la compétence de refermer sa main et de tenir un objet mais en général le lâche au bout de quelques secondes. Aujourd'hui Gabin ne lâche pas l'objet. Il l'a reconnu, il sourit, vocalise. Nous décidons alors de lui proposer, en guidance car ses difficultés de coordination ne lui permettent pas d'agir seul, de taper le marteau pour produire un son qu'il connaît car il l'a déjà entendu dans les séances précédentes. Cette guidance se fait par un toucher global et enveloppant de son bras et de sa main. Gabin est calme et attentif. Il est disponible pour vivre pleinement la situation. L'adulte accompagne par un geste lent le bras, le lève et redescend pour venir taper sur un support posé sur ses cuisses et produire le son. Gabin sourit et rit lorsqu'il entend le son et tout son corps exprime son plaisir : extension du haut du corps et mouvements des jambes tout cela sans lâcher le marteau ! Nous

attendons quelques secondes la fin de cette expression tonico-émotionnelle puis lui proposons une deuxième puis une troisième expérience avec le même enchaînement. Gabin vit les mêmes mouvements accompagnés des mêmes mots avec les mêmes sensations. Ses sensations vestibulaires, somatiques et vibratoires lui permettent de construire sa propre perception. À la quatrième expérience, il anticipe le résultat de l'action. En effet jusqu'à présent, il nous montrait son plaisir après la production du son. À la quatrième tentative, avant même que le son ne se produise, Gabin commence à agiter ses jambes et à sourire. »

Le thème essentiel - découvrir le monde et se développer - a été ajouté aux autres thèmes déjà existants. Initialement réfléchis pour les soignants, les thèmes essentiels ont suscité beaucoup d'intérêt également chez les pédagogues allemands. Au fur et à mesure de son développement, l'enfant est curieux de découvrir « le monde » et a soif d'apprendre. Selon Jean Piaget[156], la pensée chez l'enfant se développe selon des stades qualitativement différents et se construit progressivement grâce à ses contacts répétés avec le monde environnant. Il définit l'intelligence comme une continuité entre les processus biologiques et les processus psychologiques : les facteurs extérieurs et intérieurs du développement sont indissociables et la connaissance résulte toujours d'une interaction entre le sujet et l'objet. Le développement de l'intelligence est un processus d'équilibration. C'est en s'adaptant au monde que la pensée s'organise, et c'est en s'organisant qu'elle structure le monde. Ce développement, donc cette progression, réclame une régularité dans les expériences afin de prévoir, d'anticiper les évènements et les

---

[156] PIAGET J., Les stades du développement affectif selon Piaget, éditions l'Harmattan, 2001

perturbations qui vont induire la recherche d'un nouvel équilibre. L'enfant polyhandicapé, bien qu'il soit empêché dans ses capacités à expérimenter par lui-même, est en capacité d'assimiler et d'accommoder à sa façon des expériences motrices, sensorielles et cognitives. Lev Vygotsky[157] évoque la notion d'étayage, c'est-à-dire l'aide que peut apporter quelqu'un *(le pédagogue, le parent, l'éducateur, l'enseignant)* dans le développement des connaissances qu'il nomme *zone proximale de développement*. Celle-ci représente les potentialités de développement de l'enfant. Il distingue le niveau de développement actuel (atteint par l'enfant quand il agit seul) et le niveau proximal de développement (atteint quand il est guidé par quelqu'un). L'enfant est capable de nouveaux apprentissages à condition que la proposition ne dépasse pas cette zone. Ce principe est repris dans les propositions pédagogiques de la stimulation basale.

Plus globalement, les principes pédagogiques développés par Andreas Fröhlich permettent de soutenir l'enfant dans ses apprentissages, ainsi « Le jeu, la curiosité, l'exploration et la découverte ont une signification primordiale dans la vie d'un enfant »[158]. L'enfant en situation de polyhandicap a besoin d'un soutien actif de la part de son accompagnant, de ses parents, de ses frères et sœurs, pour qu'il devienne acteur dans son propre espace de jeu ou d'apprentissage : la lecture à haute voix d'une histoire sollicite l'affectivité et le langage. C'est une expérience intersubjective, une ouverture et une source de compréhension du monde extérieur. Lorsqu'un enfant en situation de polyhandicap regarde avec attention ou intérêt un livre ou l'écran d'un

---

[157] Lev Semionovitch Vygotsky est psychologue biélorusse (1896-1934)
[158] FROHLICH A., Activités journalières de l'enfant gravement handicapé, éditions De boeck, p.38, 2014

ordinateur es yeux grands ouverts, tantôt il rit, tantôt il écoute, tantôt il ferme les yeux. Qu'en a-t-il compris ? Qu'en a-t-il retenu ? L'essentiel est qu'il y trouve avant tout du plaisir, de l'émerveillement comme tout enfant qui viendrait lire dans une médiathèque ou jouer dans une ludothèque. Il en est de même pour la musique à travers le son, la vibration (bain sonore), elle incarne d'une certaine manière le mouvement, la vie. Inhérent à la musique ainsi qu'à notre corps, le rythme est répétition. Il sécurise et structure. Ce n'est pas un hasard si l'écoute musicale, les jeux de rythme, es comptines tiennent une place aussi importante dans les crèches et dans les écoles maternelles. On oublie parfois que « le jeu devrait être considéré comme l'activité la plus sérieuse des enfants » (Montaigne, 1595). Quel est le temps consacré au jeu, c'est-à-dire juste le plaisir de jouer pour un enfant, dans les établissements au cours d'une journée ? Nous oublions trop souvent qu'un enfant en situation de polyhandicap est un enfant avant tout. De façon plus globale, les activités artistiques, culturelles, sportives, etc. permettent aux enfants et aux adultes en situation de handicap sévère de découvrir le monde à leur rythme, selon leurs compétences et leur cheminement personnel : « *Une personne jeune doit continuer à évoluer, à acquérir du savoir, à développer des compétences, à apprendre, elle est considérée comme une personne en voie d'évolution* » [159].

Andreas Fröhlich nous dit : « *Nous pédagogues et thérapeutes, nous devons renoncer à l'idée selon laquelle nous pourrions réaliser le développement de l'enfant. L'enfant se développe par lui-même, freiné par un environnement défavorable,*

[159] FROHLICH A. Activités de la vie journalière de l'enfant gravement handicapé, éditions De boeck, p.10, 2014

encouragé et soutenu par des conditions favorables » [160]. Peut-être serait-il intéressant de réfléchir pour ces enfants en situation de polyhandicap sévère a une démarche inclusive « inversée » : et si l'école venait à eux, et si les Instituts médico-éducatifs (IME) étaient considérés comme de véritables écoles spécialisées avec des professeurs des écoles formés, encouragés et soutenus par l'Éducation Nationale, assistés par des professionnels compétents en pédagogie spécialisée. Où est enseignée la pédagogie spécialisée en France ? Où sont les pédagogues spécialisés ? Envisager la place d'un éducateur dans une classe serait plus bénéfique que derrière un ordinateur...

Une légende amérindienne[161] raconte qu'un jour, un incendie se déclara dans une forêt. Les animaux étaient effrayés et impuissants face à cet incendie sauf un colibri qui allait chercher quelques gouttes d'eau avec son bec pour les jeter sur le feu. « Je fais ma part » disait-il aux autres animaux dubitatifs qui le regardaient faire des allers-retours incessants. Cette légende reprise par Pierre Rabhi, écrivain, philosophe et figure emblématique de l'agroécologie, symbolise l'importance de chaque geste (même infime) qui permet de faire changer ou bouger les choses, de sa place, quelle qu'elle soit. Ce projet de *classe basale* n'a pas été reconduit après mon départ. Bien que modeste, il a permis de mettre en lumière les compétences de ces enfants, de développer les compétences des professionnels que nous étions, de confirmer l'hypothèse selon laquelle le lieu d'apprentissage, quel qu'il soit, pour un enfant en situation de polyhandicap ne peut lui être bénéfique que si des personnes compétentes sont investies et animées d'une perspicacité à toute

---

[160] FRÖHLICH A., Activités de la vie journalière de l'enfant gravement handicapé, éditions De Boeck, p.42, 2014
[161] RAHBI P., KORMAN D., la légende du colibri, Actes Sud jeunesse, 2016

épreuve contre les détracteurs et les pessimistes (ils ne savaient pas que c'était impossible, alors ils l'ont fait !)[162].

3. Le médico-social est-il sens dessus dessous ?**

Actuellement,
mon établissement est sens dessus dessous.
Tous les professionnels en dedans
voudraient travailler en dehors.
Tout cela parce que le professionnel qui est en dehors
est allé raconter par en-dessous
que l'air qu'on y respirait en dehors
était meilleur que celui que l'on respirait en dedans !
Alors, le professionnel qui est en dedans
a tendance à envier celui qui est en dehors
et à négliger celui qui est en dessous.
Moi, je suis au-dessus de ça !
Remarquez, moi, je lui céderai bien ma place.
Je lui cèderai bien mon fauteuil, mon handicap !
Mais je ne compte pas trop dessus...

J'espère que vous n'êtes pas trop sens dessus dessous.[163]

---

[162] Citation de Mark Twain, écrivain (1835-1910)
[163] Inspiré de « Sens dessus dessous », 1978, de Raymond Devos, humoriste (1922-2006)

Cette introduction dans ce dernier chapitre peut vous surprendre, que vient faire Raymond Devos dans un texte qui parle du médico-social ? Peut-être vient-il pointer sa situation actuelle, certains professionnels n'ont-ils pas perdu le sens de leur travail ? « Quand la civilisation n'est pas soin, elle n'est rien » nous rappelle que soin et sujets sont indissociables : « *La sollicitude, la prudence, la prud'homie, la résilience, la réflexion éthique... ne sont pas des suppléments d'âme mais des facultés humaines, comportementales, psychiques et psychosociales à développer chez les soignants pour leur permettre d'être plus efficaces dans le soin des patients* » [164].

Le sens de l'accueil

J'arrive dans un Institut médico-éducatif (IME), on me dit que la formation a lieu dans l'autre IME à deux pas (heureusement), ce qui n'était pas prévu, soit. Je vais dans l'autre IME. Arrivée à l'accueil, on me demande qui je suis (jusqu'à là rien d'anormal ou presque). La personne qui « m'accueille » n'est pas au courant, elle me demande de répéter : stimulation quoi ? Finalement, je dois retourner à l'autre IME car la formation a lieu le premier jour là-bas puis les deux autres jours-là ! soit. Je retourne (avec ma grosse valise !) au premier IME dans lequel on a oublié que j'étais là le premier jour ! Bref un sketch. Pas d'accueil, de petit café mais les stagiaires sont là. La liste ne correspond pas aux participants (habituel). Une professionnelle vient d'un autre IME, elle ne sait pas vraiment la raison de sa présence (curieux...), elle pensait que c'était l'année prochaine (encore plus curieux...). Et le soir, tout le monde part (une envolée de moineaux) et me voilà enfermée dans l'établissement car je n'ai pas le code pour

---

[164] FLEURY C., Le soin est un humanisme, Tracts Gallimard n°6, mai 2019

sortir !! Bref... j'ai réussi à ne pas y passer la nuit. Le lendemain, je retourne à l'IME (le second) et là, la même personne me demande à nouveau qui je suis, formatrice Makaton ? NON, NON !! dis-je d'un signe désabusé et un peu désespérée (tout en cherchant la caméra cachée). Puis une nouvelle stagiaire se pointe en me disant qu'elle ne sait pas (non plus) pourquoi elle est là (vraiment très curieux !), sa cheffe de service l'a inscrite... J'en déduis qu'elle a vu de la lumière et qu'elle est entrée dans la salle. La pauvre, elle n'y était pour rien mais je ne l'ai pas acceptée (cela dit, elle semblait ravie...). Aucun cadre n'était présent à l'évaluation mais tout c'est bien fini, j'ai réussi à sortir, j'avais le code !

La semaine suivante :

J'arrive dans un Foyer d'accueil médicalisé (FAM) dans lequel j'interviens depuis de nombreuses années. J'annonce ma présence au secrétariat. La salle n'est pas prête, j'installe les tables, les chaises. Les professionnels arrivent au compte-goutte, en retard pour la plupart (habituel). Pas de café, pas d'accueil. Les professionnels s'organisent pour préparer eux-mêmes le café (malgré leur retard). À la pause, je retourne au secrétariat pour savoir si quelqu'un sera présent à l'évaluation le dernier jour. Un portillon (avec un code) sépare les bureaux et le couloir, je reste derrière le portillon (je n'ai pas le code pour entrer). La secrétaire (toujours derrière le portillon) se rend dans le bureau de la directrice (qui ne se donne pas la peine de sortir de son bureau pour venir à ma rencontre) et dit à la secrétaire qu'elle ne sera pas disponible mais la responsable éducative sera présente. Le lendemain, la responsable éducative vient m'annoncer qu'elle ne sera pas présente car elle n'a pas été informée à temps. Je demande si un membre de la direction peut être présent malgré tout. Elle me dit qu'elle se renseigne... Finalement le troisième *jour, un responsable éducatif fait acte de présence bon an mal an...*

Le mois suivant :

J'arrive dans une Maison d'Accueil Spécialisée (MAS), je suis accueillie avec un large sourire et beaucoup d'attention, on me montre la salle, on me propose un café. Je m'installe donc tranquillement avant l'arrivée des professionnels (qui sont tous à l'heure). Le Directeur vient à ma rencontre, se présente, me demande si tout va bien puis revient au moment de la pause avec des chocolats pour le groupe (c'était la semaine de Pâques) puis prend un peu de temps pour discuter avec les professionnels. À midi, le premier jour, il se joint à nous pour le repas, tout cela dans une ambiance conviviale. Le dernier jour, une responsable éducative est présente à l'évaluation, sans que je l'aie demandé...

Ces trois exemples illustrent la question de l'accueil ou du « non-accueil » du formateur et le « grand écart » que l'on peut parfois observer selon les établissements. Il est réconfortant de constater que dans l'acronyme M.A.S, le mot *Accueil* résonne toujours pour certains ! Nous avons pu constater, à plusieurs reprises, que la piètre qualité de l'accueil du formateur reflétait le manque de considération et de valorisation des professionnels de la part des cadres. À l'inverse, lorsque l'accueil était de qualité, nous avons senti la volonté des cadres de soutenir, guider et encourager les professionnels à développer leurs compétences et à enrichir leurs savoirs. On peut penser, même si cela est un peu réducteur, que lorsque le formateur n'est pas accueilli dans l'établissement par la direction, il y a peu de chance que son message soit accueilli et participe à améliorer les compétences de l'équipe dans le *prendre soin* des personnes qui lui sont confiées.

Vers un changement de paradigme ?

C'est un fait sociétal qui a bouleversé notre vie personnelle, collective, économique, à l'échelle de la planète. Nous avons été plongés pendant plusieurs mois dans un monde qui a changé notre regard, notre relation et notre rapport à l'autre, et aussi à la nature. Nous avons craint la maladie, la mort, qui nous a frappés de près ou de loin. La pandémie nous a ramenés à notre vulnérabilité et notre impuissance face à la nature, à une « certaine » prise de conscience écologique et humaniste. Et puis, nous revoilà aujourd'hui dans le monde d'après : nous avons repris nos habitudes... Plus ou moins démasqués, nous avons eu le sentiment de retrouver notre liberté, la vie a repris son cours pour une grande majorité. Le monde d'avant prônait la vitesse, la mobilité, le mouvement, l'immédiateté, la performance, la consommation, les résultats... Le monde d'après aussi.

Le monde ne sera plus jamais comme avant, entendait-on. Nous avons vécu, selon le contexte familial, environnemental et professionnel, la sédentarisation, la promiscuité, le temps « suspendu », le manque de liberté, l'ennui, le stress, la colère, la peur, voire la déprime et le désespoir pour certains. Mais nous avons aussi vécu la solidarité, le partage, la générosité. Nous avons réalisé que certains métiers étaient essentiels et que d'autres l'étaient un peu moins. Mais qu'en est-il du monde d'après pour les personnes en situation de handicap sévère, pour les familles ? Pourquoi les professionnels quittent-ils le « navire » ? Est-ce essentiellement un problème de salaires ? de moyens humains ? De ma place de formatrice, en tout humilité, je n'ai pas de réponse mais beaucoup de questions. Je ne peux que constater depuis de longs mois le malaise des équipes de directions, l'épuisement des professionnels expérimentés et la « valse » incessante des jeunes professionnels...

Burn-out et fatigue de la compassion

Le terme *burn-out* est apparu dans les années 1970 pour décrire l'épuisement au travail des professionnels de l'aide et du soin. Conceptualisé pour la première fois par le psychiatre américain Freudenberger[165], il a été repris par la psychologue sociale Christina Maslach[166]. Ses travaux ont donné lieu à plusieurs définitions, toutes convergentes sur au moins un point : le *burn-out* se traduit par un état d'épuisement professionnel, à la fois émotionnel, physique et psychique ressenti face à des situations de travail « émotionnellement » exigeantes.

Selon Christina Maslach, le burn-out est un processus de dégradation du rapport subjectif au travail à travers trois dimensions :

- Un épuisement émotionnel, psychique et physique qui se manifeste par une fatigue extrême. Les temps de repos habituels *(week-end ou congés)* ne suffisent plus, la fatigue devient chronique et se manifeste par une perte d'énergie, de l'asthénie, un épuisement mental, de la démotivation, de la frustration.

- La dépersonnalisation est une perturbation de la relation humaine qui se traduit par une perte d'empathie à l'égard d'autrui *(attitude négative envers les collègues, les patients : impatience, irritabilité, culpabilisation, moralisation, cynisme, réification, minimisation des*

---

[165] FREUDENBERGER H., L'épuisement professionnel, « la brûlure interne », éditions Morin, 1987
[166] MASLACH Christina, Le syndrome d'épuisement professionnel, Les Arènes, 2011

difficultés vécues par les patients, détachement). Elle peut également se traduire par une méfiance et un pessimisme très importants.

-   La diminution de l'accomplissement professionnel se traduit par la dévalorisation du travail lui-même. La personne le considère comme inintéressant, inutile, inefficace. Elle doute de sa valeur professionnelle, se sent incompétente et se dévalorise.

Le processus conduisant au burn-out est relativement lent et insidieux. Il évolue car étapes successives, à savoir l'enthousiasme, la stagnation, la frustration, l'apathie et finalement, le désespoir. Le burn-out est désigné actuellement comme une crise de relation avec le travail et non des relations au travail. Certaines situations, attitudes ou caractéristiques individuelles peuvent, dans un contexte de travail stressant, contribuer à un épuisement professionnel : le manque d'estime de soi, des difficultés à poser des limites en cas de surcharge de travail, faire de son travail le « centre » de sa vie, être perfectionniste, avoir un degré de conscience professionnelle trop élevée, ne pas savoir déléguer ou travailler en équipe.

La fatigue de la compassion est un terme anglais apparu en 1992, nommée aussi *usure de compassion* ou *fatigue de l'empathie*[167]. Elle se caractérise par un épuisement et une profonde douleur morale en écho à la souffrance des personnes accompagnées (le patient, la personne en situation de handicap, la personne âgée, etc.). Les symptômes sont proches de ceux ressentis dans le burn-out, une grande fatigue physique et psychique, des somatisations, une irritabilité, une lenteur d'exécution, etc.

---

[167] GOUNOUGBE A., Fatigue de la compassion, éditions Souffrance et Thérapie, 2014

C'est l'aidant qui ne parvient plus à aider *(le travailleur social, l'infirmière, l'aide-soignante, le thérapeute, etc.).* Souffre-t-il d'un trop d'empathie ? Pascale Brillon[168], psychothérapeute explique que l'aidant modifie sa posture en passant de l'empathie à la sympathie. La sympathie signifie que nous nous sentons affectés par ce que vit l'autre *(Je sens que tu es triste).* Nous pouvons éprouver de la sympathie sans forcément éprouver de l'empathie. L'empathie comporte deux aspects, l'un affectif et l'autre cognitif, en lien avec nos neurones miroirs. C'est un peu comme se mettre à la place de l'autre sans y rester *(Je sens que tu es triste et je te comprends).* Quant à la compassion, elle signifie *souffrir avec (Je comprends ta tristesse, qu'est-ce que je peux faire pour toi ?).* Nous pourrions dire que la compassion est l'empathie en action avec une charge émotionnelle importante et une recherche de solution pour aider l'autre.

La fatigue de la compassion peut apparaitre en cas de stress répété. L'accompagnant n'arrive plus à prendre le recul nécessaire parce que le rythme soutenu ne lui permet plus d'être dans la relation avec la personne. Aujourd'hui, les établissements sont confrontés à un manque de personnel très conséquent, induisant une charge de travail supplémentaire pour les accompagnants présents. Les temps consacrés à des temps d'échange entre professionnels se réduisent également inévitablement. Les accompagnants se retrouvent alors « le nez dans le guidon » enchainant des toilettes, des repas, des changes, etc. Nous avons évoqué, dans le chapitre III, l'importance du rythme et de la temporalité qui fondent la rencontre.

---

168 BRILLON P., Entretenir ma vitalité d'aidant, éditons de l'Homme, 2021

Sans ce temps nécessaire qui permet de prendre soin de l'autre, la personne en situation de handicap sévère devient objet, elle disparait face à un accompagnant qui ressent un manque de bienveillance malgré lui. Si cette culpabilité ressentie trouve peu d'échos auprès des cadres, si celle-ci ne peut être partagée entre collègues, de façon formelle ou informelle, l'accompagnant éprouvera un épuisement moral et physique, source potentielle d'une fatigue de la compassion. C'est peut-être l'une des raisons, parmi tant d'autres, qui font qu'aujourd'hui, les professionnels quittent le navire. Il me semble donc important que ceux qui restent soient soutenus, valorisés et reconnus dans leurs compétences par des équipes de cadres bienveillants et à leur écoute, donc à l'écoute des personnes en situation de handicap sévère et leurs familles.

Lorsque la dynamique institutionnelle permet aux professionnels de mettre en œuvre l'approche de la stimulation basale après la formation, le *prendre soin* prend toute sa place. Pour le dire en quelques mots, « la parole partagée au sein des équipes de professionnels se révèle souvent comme operante et active. Elle agit comme une parole vivante reliée à un projet commun d'accompagnement, tant dans le projet d'établissement que dans les projets d'accompagnement personnalisés. De cette parole partagée et comprise, émergent des concepts forts et un sens à l'action où la place et la recherche des valeurs humaines sont centrales »[169].

---

[169] ROFIDAL T., PAGANO C., Projet individuel et stimulation basale, p.20, éditions Erès, 2018

4. Prendre soin des parents

Formation ou soutien pour les parents ?**

L'approche de la stimulation basale est enseignée principalement aux professionnels. La question s'est très souvent posée pour « l'enseigner » aux parents. Je pense que l'approche n'a pas besoin de leur être « enseignée » parce qu'ils sont intrinsèquement « basals » avec leurs enfants. Peut-être, des parents ont plus de difficultés que d'autres face au handicap de leur enfant, alors ils ont besoin plus que d'autres, de soutien, de guidance et surtout d'une écoute active. À plusieurs reprises, j'ai été amené à animer des temps (de quelques heures à une journée) pour expliquer l'approche auprès de jeunes et moins jeunes parents. Les parents d'adultes polyhandicapés m'ont beaucoup appris. Lors de ces temps de rencontre, j'ai été surtout marquée par le fait que les parents avaient besoin de se raconter. Je me souviens de parents très âgés me parlant, avec beaucoup d'émotions et parfois de larmes, de l'annonce du diagnostic à la naissance de leur enfant, 30 ou 40 ans plus tôt et la précision des paroles négatives prononcées par le médecin. Plus globalement, ils avaient besoin de parler de leur quotidien. Alors que je m'appliquais à expliquer les principes de la stimulation basale, essentiellement autour du toucher et de la communication, à leur faire vivre quelques expériences sur eux et entre eux, un parent âgé me dit : « *c'est bien la stimulation basale mais si on m'en avait parlé il y a 40 ans, peut-être que j'aurais pu aider mon enfant différemment.* » Cette parole m'a secouée et m'a permis de me requestionner sur la pertinence « d'enseigner » l'approche basale de cette façon. Depuis ce jour, je ne la propose plus du tout de la même façon, je ne l'enseigne plus, je propose un temps de rencontre privilégiant les questions sur l'approche basale ou tout simplement le besoin de partager entre parents ou de se raconter.

J'ai rencontré Marielle Lachenal lors d'une conférence où elle intervenait pour évoquer son dernier livre sur le thème « être parent d'un adulte en situation de handicap ». J'ai été très touchée (et je ne pense pas avoir été la seule dans la salle) par son discours empreint d'authenticité et de clairvoyance sur la place et le rôle des parents. Son questionnement sur le mot *aidant* a retenu mon attention : « *le mot aidant comme un nom devient un mot qui enferme dans une fonction et fait oublier que nous, nous sommes d'abord les parents* ». Ce terme est relativement récent, la société a changé son regard sur les « aidants ». Cependant, encore aujourd'hui, comme le soulignait Marielle lors de son exposé, l'image que nous en avons est plutôt une image d'adultes aidant leurs parents âgés, touchés ou non par la maladie d'Alzheimer. Le contraire est moins évident car, dans les esprits, il va de soi que les parents « aident » leurs enfants.

Aujourd'hui, la question de la formation partagée professionnels-parents se pose régulièrement. Je pense que cette « formule » est discutable selon la nature et le thème de la formation. La stimulation basale aborde des thèmes très sensibles et délicats qui ne peuvent être abordés de la même façon auprès des parents. Lorsque Andreas Fröhlich dit que les professionnels ont des « valises d'outils » et les parents des « valises de difficultés et de questionnements », il souligne l'importance de tenir compte des attentes de chacun qui ne sont pas les mêmes. Les parents ont besoin de parler de leur enfant, les professionnels ont besoin de parler de leur accompagnement auprès des enfants. Les parents, au-delà d'une place pour leur enfant, ont besoin de trouver leur place dans les établissements qui accueillent leur enfant. Et ce n'est que par une écoute active réciproque que parents et professionnels pourront cheminer au rythme de chacun et prendre soin les uns des autres. Lors de son intervention, Marielle Lachenal soulignait l'importance pour les parents que les professionnels n'écrivent pas que « l'extraordinaire » d'une journée de leur enfant mais aussi l'ordinaire simplement. Sinon, parfois, les parents n'osent plus écrire l'ordinaire d'une journée avec leur enfant à la maison. L'approche de la stimulation basale peut aider les professionnels et les parents à mettre en mots cet « ordinaire », à donner de l'importance aux moindres petites choses du quotidien. Ainsi, les retours des professionnels, écrits ou verbaux, peuvent aider les parents à « penser » leurs enfants.

Un chemin de rencontre par Marielle Lachenal

Lorsque Concetta m'a sollicitée pour que je témoigne dans le livre, je ne connaissais la stimulation basale que de nom. Je suis la mère d'une jeune femme de 34 ans qui a un handicap complexe, mais qui n'est pas concernée par la définition du polyhandicap. Ma vie avec elle m'a conduite sur des chemins que je ne connaissais pas, je suis devenue une parent-militante, compétente en Communication Alternative Améliorée (C.A.A), engagée pour que les personnes vivant avec un handicap soient reconnues comme des personnes, qu'on leur propose une démarche pour mieux communiquer, qu'on élabore pour elles et avec elles les outils dont elles ont besoin pour se construire et pour que leurs familles sortent de l'invisibilisation. J'ai écrit un livre leur donnant la parole « Être parent d'un adulte en situation de handicap »[170].

J'ai donc commencé à lire ce qu'est la stimulation basale et j'ai tout de suite vu les liens entre le socle de cette approche et celui sur lequel j'ai ancré mes engagements : chercher à rencontrer l'autre, lui permettre de grandir dans son humanité et associer les parents.

Je me retrouve d'abord dans cette approche humaniste dans ce que j'ai tissé avec ma fille. Elle a une maladie génétique rare avec une déficience intellectuelle. Je vous avoue que je refuse maintenant de quantifier celle-ci. En fait, ça m'est devenu égal de savoir dans quelle case il fallait la ranger. Elle ne comprend pas tout, ne parle pas avec des mots de sa bouche, elle a des problèmes de santé. J'ai eu besoin de temps pour passer de « ma fille est handicapée » à « ma fille a un handicap ». Je n'aime pas le concept « en situation de handicap » car je ne le comprends pas. Je préfère le concept de la charte Romain Jacob « vivre avec un handicap ». J'aime bien ce que dit Charles Gardou lorsqu'il parle de personne « empêchée ». Ma fille est empêchée par la réalité de son handicap, elle est empêchée par la société qui ne lui fait pas de place. Ce double empêchement me parle. Mais ma fille est une personne immense et je voudrais que les autres puissent la connaitre et réaliser qui elle est. Je pense que la stimulation basale propose cette démarche : qui est la personne, immense en son humanité.

Je vais tenter de faire le lien entre la stimulation basale et ce que je veux faire connaitre de ma fille : la démarche de CAA permet de mieux comprendre le monde et les autres. Je suis

---

[170] LACHENAL M., Être parent d'un adulte en situation de handicap, Erès, 2023

devenue formatrice en CAA avec cette conviction, partagée ici, qu'on ne peut pas séparer le savoir-être et le savoir-faire autant pour des professionnels que pour des parents. Sans savoir-faire, le savoir-être se fragilise et s'étiole, sans savoir-être, la personne disparait. Quand on parle de communication entre humains, on peut utiliser plusieurs images en lien avec le modèle langagier proposé par les linguistes Bloom et Lahey[171] : celle d'un paquet cadeau qui a besoin d'un emballage *(la langue, la façon dont on parle, un code partagé avec d'autres)*, un contenu *(le langage, ce dont on parle)* et un échange. Ils utilisent l'image très parlante d'une marmite avec trois pieds : il faut avoir quelque chose à dire, une personne à qui le dire et une façon de le dire. Il suffit qu'il manque un des pieds pour que la marmite ne tienne pas ! Pour ce qui est la façon de dire, c'est ce qu'on appelle l'aspect verbal de la communication : ce peut être des mots de la bouche, pas forcément bien prononcés, ce peut-être des signes des mains, des pictogrammes sur du papier ou des tablettes, des objets qui sont devenus référence... Un enfant qui a un moyen de « dire », avec d'autres moyens que les mots de la bouche, ne peut pas être dit « non-verbal ». Il est non oralisant, mais verbal. Nous devons être attentifs à cette façon de nommer les enfants et les adultes utilisant des moyens de communiquer en CAA. Bien sûr, le pire est quand on ose dire que les personnes sont non-communicantes.

J'ai trouvé sur le site de la stimulation basale, cette citation de Concetta qui m'a vraiment parlé et sur laquelle je vais m'appuyer : *« La stimulation basale propose des chemins de rencontre pour soutenir et cheminer avec la personne à partir de ses capacités à percevoir, à bouger et à communiquer. Elle cherche*

---

[171]   https://image3.slideserve.com/6191221/inter-relationship-between-language-areas-bloom-and-lahey-1978-l.jpg

à aider la personne dans la compréhension des situations vécues, à la rendre actrice en favorisant sa participation, son expression, sa communication. »

La Communication Alternative et Améliorée

La démarche de CAA propose aux enfants et aux adultes entravés dans leur communication, que ce soit pour comprendre ou pour s'exprimer, des moyens qui viendront suppléer ou remplacer le langage oral. Cela peut être des signes issus de la langue des signes, des pictogrammes isolés, des tableaux et des moyens plus technologiques comme les tablettes. Ce qu'on appelle la multimodalité veut dire qu'aucun moyen ne peut à lui seul répondre aux besoins de la personne. Selon les circonstances, les interlocuteurs pourront avoir plus besoin de l'un ou de l'autre. Cette communication nécessite, comme en stimulation basale, une observation fine de la personne, de connaître aussi ce qui fait sa vie et les liens qu'il a tissés.

Des concepts clefs de la CAA sont intéressants à mettre en lien avec la stimulation basale :

- Nous sommes le premier outil de CAA : nous devons d'abord apprendre à communiquer autrement : des phrases courtes, des mots simples, un débit ralenti. Nous devons apprendre à attendre la réponse et comme me l'a dit une éducatrice rencontrée en formation : « *quand on croit qu'on a assez attendu, il faut attendre encore* ».
- Il faut du temps, du temps pour ancrer la CAA dans le quotidien, du temps pour que la personne s'en saisisse. Ce temps est parfois difficile pour l'entourage. Par exemple, un enfant polyhandicapé, déjà reconnu par la stimulation basale dans sa communication non-verbale,

déjà rassuré par les routines de son quotidien, peut aussi, par des pictogrammes, des signes, des objets spécifiques en lien avec cette routine, comprendre le sens de ceux-ci. Il pourra anticiper et entrer ainsi dans une communication symbolique.

- En CAA, on distingue le modèle de participation et le modèle de candidature. Cela semble du jargon. En fait, cela veut dire que nous ne devrions plus être focalisés sur l'évaluation de l'enfant (qui a souvent pour conséquence son exclusion de la proposition de CAA : il n'a pas le niveau !), mais être focalisés sur la participation de l'enfant à la vie sociale et évaluer tout ce qui, dans sa vie, son entourage, freine ou facilite l'accès aux moyens de CAA. C'est probablement plus exigeant !

- « Croire au potentiel », cette petite phrase qui n'a l'air de rien est capitale. Tant qu'on n'a pas donné aux enfants un moyen de mieux comprendre et de dire, on ne sait pas ce qu'il peut faire. C'est la démarche extraordinaire qu'ont osé des professionnels et des familles, en donnant la possibilité à des enfants polyhandicapés d'utiliser leur regard pour commander un écran, leur permettant ainsi de surprendre tout le monde par leurs capacités réelles.

- C'est ainsi qu'on sera attentifs à ne pas dire qu'un enfant qui n'oralise pas (qui ne parle pas avec des mots de la bouche) serait non-verbal, quand il utilisera d'autres façons de parler : ses mains, des images qu'il désigne.

Ma fille Géraldine ne parle pas avec sa bouche, elle parle avec ses mains, elle parle avec des pictos, elle parle avec des images, elle parle avec des sons. Elle peut ainsi nous montrer la richesse de sa pensée, parfois la profondeur de ses angoisses, elle peut aussi parler de banalités, de tout et de rien. Mais elle dépend toujours de nous, dans le sens où nous devons avoir envie d'aller à sa rencontre, envie de lui donner une vraie place, besoin d'elle avec nous.

La place des parents

On parle maintenant un peu plus des parents, nous sortons un peu de l'invisibilité (mais nos enfants aussi sont invisibles). Je plaide pour qu'on n'utilise pas le mot *aidant* comme un substantif, grand fourre-tout où on met les parents de tout-petits, les enfants de personnes âgées, des fratries, des parents d'adultes. Le mot *aidant* doit être un adjectif : on dira des parents-aidants, des enfants-aidants, des fratries-aidantes... le mot *aidant* comme un nom devient un mot qui enferme dans une fonction et fait oublier que nous, nous sommes d'abord les parents.

Mais, par la vie partagée, nous sommes devenus experts de nos enfants. Parfois même, nous nous sommes formés, nous nous formons en permanence et il peut arriver que nous ayons, sur certains points, plus de compétences que les professionnels. Ce qui, parfois, n'est facile pour personne, on marche sur des œufs. Nous devons apprendre à construire ensemble ; mais je vous avoue être chaque fois étonnée (ou blessée) quand des professionnels rencontrent de grosses difficultés avec ma fille, difficultés qui auraient pu se résoudre par un simple coup de fil où nous aurions donné les clefs pour comprendre...

Car ce serait plus simple de se dire que nous avons besoin les uns des autres ; on revient d'un temps où les parents étaient à la porte, ce n'est pas si simple que ça de retricoter les choses sereinement ; il faut peut-être imaginer des formations !

Une amie me disait : « mais il faut bien qu'ils réalisent que quand ils accueillent une personne, ils doivent prendre la famille avec ! » Il est certain que si nous sentions une immense vigilance au bien-être, à l'ouverture vers le monde, vers les autres, nous pourrions lâcher un peu de notre angoisse et arrêter de compter les chaussettes qui manquent car, parfois, c'est la seule façon de rester les parents !

Les professionnels peuvent nous aider à rester les parents, à faire évoluer aussi notre façon d'être parents, par exemple, en comprenant l'importance de ce cahier de vie dont il est question maintenant.

Des traces pour se souvenir et partager

Il existe un outil que je pense être indispensable, fondamental : le cahier de vie. C'est important d'en rappeler le sens, car il est trop souvent considéré comme réservé à la petite enfance.

Paul Ricoeur dit que nous avons deux identités : notre identité numérique (notre carte d'identité), celle qu'on croit souvent être la plus importante et notre identité narrative : ce que nous pouvons raconter de nous, ce que nous sommes. Sans notre histoire, sans traces de nos vies, nous sommes des errants sur des sables mouvants.

Le cahier de vie est d'abord pour la personne. Plus la personne a de difficultés à avoir accès à sa mémoire, à se souvenir et à raconter, plus il sera important de faire un cahier de vie. Toutes les formes sont possibles, des photos, des tickets de cinéma, des papiers de bonbons, des pictogrammes ou pas. On peut imaginer comme nous pouvons le faire lorsque nous allons à l'étranger, de garder des petits objets, des pommes de pin, des coquillages, des bouts de guirlande, dans des sortes de boite à mémoire. On peut enregistrer des sons, des images aussi (comme sur le carnet de vie proposé par le GNCHR[172] qui s'intitule *mon carnet parcours de vie*). On y racontera les grands évènements (les fêtes) mais aussi des petites choses du quotidien qui font la vie, on pourra garder des traces des recettes des bons plats faits à la maison, glisser des souvenirs sensoriels comme « ça sentait bon, ça craquait sous les pieds quand elle marchait, il y a eu beaucoup de bruit ».

Ma fille a entamé son 62e cahier de vie, complétée par des livres de vie où j'ai mis ce qui me parait indispensable à savoir : sa phobie des escaliers roulants en panne, son gout des sèche-mains électriques son amour des armures. Qui leur dira quand je ne serai plus là ? Il faut construire les cahiers de vie avec les personnes, avec les familles.

Quand je parle de CAA, je rappelle qu'il y a un trépied pour que la communication soit possible : avoir quelque chose à dire, une personne à qui le dire et un moyen de le dire. Et le cahier de vie est là comme outil qui permet la communication. Pouvoir dire « tu te souviens ? ». Le quelque chose à dire sera dans le cahier. Et le contenu du cahier sera aussi la façon de dire. La personne à qui le dire sera la personne avec qui le cahier sera lu : les professionnels, les parents, les pairs, mais aussi les amis de passage qui ont un peu peur de cette personne qui semble si différente. Les nouveaux professionnels (turn-over) pourront prendre le cahier pour faire connaissance.

Ce cahier de vie est juste indispensable pour apprivoiser la rencontre, la permettre, la faire vivre. Le cahier de vie sera aussi un pont entre les différents lieux de vie de la personne l'aidant à construire ce « sentiment continu d'exister » si compliqué.

---

172 GNCHR : Groupement National de Coopération Handicaps Rares

Dans le lien avec les familles, c'est un outil dont il faut comprendre le sens : les parents qui demandent des nouvelles dans le cahier de vie ne veulent pas espionner... Ils veulent pouvoir échanger avec leur enfant quand ils le retrouvent (ce n'est pas possible s'il y a juste les mots laconiques comme « *bonne semaine* ») et ils veulent pouvoir aussi penser leur enfant quand il est dans l'établissement. C'est une grande souffrance que de ne pas pouvoir « penser » ceux qui nous sont proches. Bien sûr, certains parents n'écriront rien de leur côté par honte peut-être de ne rien avoir à dire mais ce n'est pas grave, nous n'avons pas la même position !

Bien sûr, les personnes avec un polyhandicap ont des difficultés à gérer le temps, elles vivent dans le présent. Mais notre responsabilité est de porter leur mémoire, de porter leur histoire lorsque les parents ne seront plus là. Bertrand Quentin, philosophe, dit : « nous sommes les garants de la mémoire de l'autre ».

Pour conclure, les plus gros obstacles à la mise en place d'une démarche de CAA, pour ma fille ou pour d'autres personnes rencontrées lors de formations, ne sont pas, comme on le croit souvent, l'accès aux outils, aux moyens... Non ! Le plus gros obstacle, c'est la représentation que l'on a de ces enfants, de ces adultes qui ont du mal à communiquer. Ce que j'ai compris de la stimulation basale, c'est cette attention immense à l'autre, l'humilité devant le chemin à parcourir pour vraiment rencontrer l'autre. Cette conviction d'avoir en face de nous une Personne devrait être finalement le socle de toute démarche de mise en place de moyens... Merci de m'avoir associée à cette réflexion.

Quels chemins de rencontre entre parents et professionnels ?

Les besoins des parents : formation ou information ?*

Comme beaucoup de professionnel, je suis arrivé dans le monde du polyhandicap en 1988 par hasard, mais ce n'est pas par hasard que j'y suis resté. Les établissements dans lesquels j'ai assuré la fonction de médecin coordinateur, tout en étant le médecin traitant de la grande majorité des enfants et des adultes, étaient gérés par une association de parents ; ce qui permettait de se rencontrer fréquemment, de façon formelle (entretien, réunion...) et informelle (autour d'un café, d'un repas ou d'une fête).

Comme une majorité de professionnels, j'avais beaucoup à apprendre. La littérature scientifique était pauvre à l'époque mais heureusement, des colloques commençaient à être organisés sur différents thèmes et en particulier sur la spécificité de la prise en charge médicale des personnes polyhandicapées. J'ai toujours considéré qu'une manière efficace d'apprendre était d'enseigner ce que l'on avait appris pour partager ses connaissances et remettre en question ses pratiques. Ainsi, j'ai eu la chance d'être associé au Projet EUFORPOLY de 1996 à 1998.

Ce projet européen, intégré au programme communautaire Leonardo da Vinci[173] a rassemblé des professionnels d'établissements médico-sociaux accueillant des enfants et des adultes polyhandicapés ainsi que des parents. Venant de France, de

---

[173] Le programme Leonardo da Vinci a pour mission non seulement de contribuer à la création d'un espace européen de coopération dans le domaine de l'enseignement et de la formation professionnelle mais encore de soutenir les politiques des États membres en faveur de l'éducation et de la formation tout au long de la vie en vue d'accroître la capacité d'insertion professionnelle des citoyens européens. https://www.education.gouv.fr/bo/2004/32/MENC0401880N.htm

Belgique, d'Ecosse, d'Espagne et du Portugal, notre groupe, sous la direction du Professeur Jean-Jacques Detraux[174], avait pour mission de mettre en commun nos connaissances, nos expériences et de réfléchir sur des formations performantes visant la maîtrise des pédagogies favorisant l'intégration sociale de ces enfants, adolescents et adultes.

Des confrontations d'expériences et des ateliers de réflexion ont été menés lors des rencontres internationales à Porto en 1996, à Barcelone en 1997 et à Lisbonne en 1998 et ont abouti à la rédaction d'un ouvrage de synthèse[175] dont je résume ici les idées-forces sur les besoins des parents et des professionnels en matière de formation et d'information.

Un « manifeste des droits des personnes polyhandicapées, de leurs familles et des personnes qui les accompagnent[176] » déclare que :
- la personne polyhandicapée a le droit de « bénéficier d'une éducation adaptée à son potentiel de développement et intellectuel » ;
- les parents ayant un fils ou une fille avec un polyhandicap ont le droit de « recevoir toute information utile, transparente et respectueuse de la part des professionnels, incluant des informations sur les développements technologiques récents » ;
- les professionnels travaillant auprès des personnes polyhandicapées et de leur famille ont le droit de

---

[174] Jean-Jacques Detraux († 2019) professeur émérite de Psychologie et de Pédagogie, Université de Liège et Université Libre de Bruxelles.
[175] EUFORPOLY II, Europe – Formation – Polyhandicap. Ed. AIR et Conseil Régional de Franche-Comté 2001. ISBN 2-9517020-0-0
[176] Déclaration conjointe de l'Union Européenne - Projet Leonardo da Vinci – Euforpoly Lisbonne, novembre 1998

« bénéficier de formations et d'informations les rendant aptes à procurer des soins et services de grande qualité aux bénéficiaires et aux familles ».

Au-delà de ces droits, quels sont les besoins ?

Les parents réfléchissent à leurs besoins à partir de toutes les propositions que les professionnels peuvent offrir pour qu'ils acquièrent des connaissances et développent leurs compétences pour accompagner leur enfant. Sur ce point, parents et professionnels sont d'emblée d'accord sur le fait qu'il n'est pas question de transformer les parents en soignants. Au contraire, les parents revendiquent de ne pas être exclus de leur rôle de parents.

Les besoins des parents se déclinent en information et en formation.

- Ils ont besoin d'information sur le syndrome que présente leur enfant. Lorsque le diagnostic n'est pas possible (dans environ un tiers des cas encore actuellement), ils revendiquent, en raison de l'angoisse que provoque cet inconnu, d'être informés sur tout ce qui a été entrepris pour tenter en vain d'établir un diagnostic : un médecin a le droit de dire qu'il ne sait pas, dès lors qu'il a dit tout ce qu'il sait.
- Ils ont besoin d'informations sur l'existence d'associations qui concernent le handicap de leur enfant, ces informations existent sur Internet mais les parents ont besoin d'être guidés dans leurs recherches (rôle des parents-ressources).
- Ils ont besoin d'informations précises sur l'état de santé de leur enfant, de son évolution dans son

développement et ses apprentissages. Ses informations doivent être transmises sur un mode verbal et sur un mode écrit permettant de revenir sur ce qui a été dit dans le contexte souvent stressant d'un entretien.

- Ils ont besoin d'informations générales sur le handicap à travers les médias pour sensibiliser l'entourage et susciter des échanges, montrer aux parents qu'ils ne sont pas les seuls confrontés à cette épreuve.

Ces informations doivent permettre aux parents de prendre à chaque moment, les décisions opportunes pour leur enfant, c'est-à-dire d'assumer pleinement leur fonction de parent. Pour cela, une relation de confiance et de respect doit s'instaurer entre toutes les personnes impliquées dans cet échange. L'information doit être réaliste, actualisée, adaptée aux possibilités de compréhension et d'assimilation des parents. L'information orale doit toujours s'accompagner d'une information écrite résumant ce qui a été dit. Elle doit être positive, c'est-à-dire centrée sur ses compétences de l'enfant et non ses déficits.

Au-delà de ces besoins d'informations individualisées et centrées sur l'enfant, les parents souhaitent bénéficier de formations spécifiques, non pour se transformer en professionnels mais pour prendre le relais des professionnels lorsque leur enfant est à la maison.

Ils ont besoin de formation pour acquérir des compétences qui permettront de faciliter la vie quotidienne, des parents, de leur enfant et de toute la fratrie : donner à manger, jouer, faire la toilette, porter... compétences dans le domaine du savoir-faire.

Ils ont besoin de formation pour améliorer la relation avec leur enfant, mais aussi avec ses frères et sœurs et tout l'entourage ; la formation est ici un espace de rencontre, d'échanges, un lieu pour exprimer ses difficultés, ses angoisses permettant d'enrichir leur savoir-être.

Dans ce domaine de formation, les parents peuvent exercer un rôle de « parents-écoute » pour partager leur vécu, ce qu'ils ont inventé pour améliorer leur quotidien de façon à aider d'autres parents qui traversent des moments difficiles. Ils peuvent aussi jouer le rôle de « parents formateurs » pour les professionnels en apportant leur témoignage pour tout ce qui peut aider à établir ou consolider une relation de confiance parfois fragile.

Toutes ces informations ou formations ont pour but non pas de « professionnaliser » les parents mais de reconnaître leur « expertise » de la connaissance de leur enfant, de ses compétences, de ses difficultés, et aussi de leur « expertise » dans la finesse de leurs observations.

Au-delà de ces besoins, quelles « méthodes » utiliser ?

Pour répondre aux besoins des parents, comment peut-on organiser la formation ou l'information qui leur est dispensée ? D'une part, la méthode classique d'action de formation pendant deux ou trois jours, sept heures par jour, convient-elle aux parents ? D'autre part, une action de formation peut-elle associer des parents et des professionnels ?

Pour tenter de répondre à ces deux questions, nous devons comprendre que l'information des parents s'envisage au singulier alors que la formation des professionnels se réfléchit au pluriel. Les parents ne s'intéressent qu'au cas de leur enfant, ce qui est légitime. Quant aux professionnels, ils doivent étudier tous les aspects de l'accompagnement.

Dans l'organisation pratique de la formation, il est habituel de réunir un groupe de professionnels pendant plusieurs jours à des horaires correspondant à une journée de travail. Les parents d'enfants polyhandicapés ne disposent pas facilement de ce temps, surtout s'ils travaillent. Les parents d'adultes polyhandicapés avancent en âge, il peut être difficile pour eux d'être « présents » physiquement et intellectuellement pendant toute une journée, voire plus.

Pendant une formation, une partie importante du temps est réservé aux échanges. Il s'agit parfois de questions posées au formateur. Il s'agit le plus souvent de réflexions, de témoignages en lien avec le thème de la formation. Qu'il s'agisse de l'un ou de l'autre, ils sont toujours illustrés par des exemples cliniques touchant parfois l'intimité de la personne polyhandicapée. Il est bien évident que lorsque parents et professionnels sont réunis dans un même groupe, la parole n'aura pas la même liberté.

Dans un groupe de stagiaires composé de professionnels, des questions dévoilent parfois leur manque de connaissances (sinon ils n'auraient pas besoin de formation). Souvent, les professionnels avouent avoir appris à l'école et avoir oublié depuis. Entre collègues, ces oublis sont parfaitement admissibles, en est-il de même devant les parents ?

Lorsqu'un établissement me demande s'il est possible d'inclure des parents dans un groupe de stagiaires, je propose d'organiser plutôt une réunion avec ces parents en fin d'après-midi, pendant une à deux heures. Dans ce cas, j'introduis le sujet pendant quelques minutes et je leur propose de poser toutes les questions qu'ils souhaitent. En général, il s'agit d'échanges plutôt que de questions pour lesquelles ils ont besoin d'être rassurés, pas toujours par le formateur mais aussi par les autres parents. D'ailleurs, ce genre de réunion dure souvent plus longtemps que prévu !

Certains établissements m'ont cependant « imposé » d'inclure des parents dans le groupe de stagiaires, dans le cadre d'une « labélisation » (toujours discutable) de leur établissement. La parole des uns et des autres est alors retenue ; les professionnels n'osent pas poser certaines questions de peur de paraitre ignorants et ne se permettent pas de citer certains « cas clinique » par crainte de violer le secret professionnel. Le plus souvent, les parents restent également silencieux ou, au contraire, « envahissent » les échanges qui n'en sont plus...

Dans un groupe composé de professionnels comme dans un groupe composé de parents, des jugements de valeur sont parfois émis. Ceci à l'intérêt d'engager une discussion qui permet aux uns comme aux autres de comprendre qu'il est préférable de juger les faits avec tolérance et indulgence. Ce genre de débats est beaucoup plus difficile lorsque le groupe est composé de parents et de professionnels et chacun risque de rester sur ses positions...

Au-delà de ces méthodes, le partenariat !

Pendant les trente années de ma carrière auprès des enfants et des adultes polyhandicapés, j'ai été en relation constante avec les parents. Salarié d'une association de parents, ils étaient aussi mon employeur. Les relations que j'ai eues avec eux ont été riches, ce qui ne veut pas dire qu'elles ont été faciles. Pour être franc, j'ai reçu plus « d'engueulades » que de remerciements... Je suis persuadé que nous avons besoin des parents exigeants (parents emmerdants comme le dit Marielle Lachenal). Ils nous remettent en question et nous obligent a être rigoureux. Ils affirment ainsi le caractère indispensable du partenariat parents-professionnels. Ce partenariat a été longuement réfléchi au cours du programme EUFORPOLY.

Le partenariat est constitué de trois pôles, les parents, les professionnels et la personne polyhandicapée qui est au centre, sujet, partenaire à part entière. Ce partenariat doit répondre aux besoins de chacun : c'est ainsi que le « manifeste des droits » énonce ceux des personnes polyhandicapées, de leurs familles et des professionnels qui travaillent auprès d'eux.

Le partenariat est collaboratif, il met en commun les connaissances et les compétences de chacun : pour les professionnels, connaissances sur le polyhandicap et compétences pour soutenir le développement des personnes polyhandicapées ; pour les parents, expertise et finesse d'observation de leur enfant. Il nécessite un dialogue permanent parent-professionnel. Ce dialogue est asymétrique puisque les parents n'ont pas toujours le même professionnel face à eux, même lorsqu'il existe un professionnel référent (travail à temps partiel, turn-over...).

Le partenariat nécessite un langage commun, compréhensible par tous, ce qui demande un effort pour certains (médecins, psychologues, éducateurs...) pour communiquer d'égal à égal. Il implique un échange et un partage mais aussi une confrontation et une remise en question de chacun.

Le partenariat doit permettre à chacun de renforcer ses compétences tout en restant parent ou professionnel, sans rentrer dans une relation « concurrentielle ».

Un outil fondamental de la relation parent-professionnel et, comme le souligne Marielle Lachenal, le cahier de vie. Quand on comprend ce que Marielle nous explique par rapport à ce cahier, personne n'oserait y inscrire des formules laconiques du type R.A.S. à l'instar du « rien » dans le journal de Louis XVI à la journée du mardi 14 juillet 1789 !

> Je me souviens du cahier de vie de V., quand il était adolescent à l'EEAP. Il était trois fois plus volumineux que les autres car sa maman racontait tout et ajoutant des pages pour y coller des photos, des programmes du concert qu'ils avaient écouté ensemble, jusqu'au ticket d'entrée du parc qu'ils avaient visité. Je vois encore V. rigoler quand l'éducatrice lisait son cahier devant tout le groupe !

Mais tous les cahiers de vie ne se ressemblent pas. Certains parents exigent que les professionnels racontent mais, eux, ne racontent pas, il faut l'accepter.

> Cela me rappelle le cahier de vie de A., sa maman n'écrivait pas le français et son papa n'avait pas le temps d'écrire... Mais quand le papa de A. venait à l'EEAP, il nous montrait sur son téléphone, des vidéos de son fils nous expliquant ses progrès : je me souviens d'un film sur lequel A. parvenait à mettre sa brosse à dents dans un verre. Le papa était fier de cet exploit qui avait demandé plusieurs semaines de travail et A. aussi !

De mon côté, je n'ai jamais écrit directement dans le cahier. Les informations médicales que je donnais aux parents étaient écrites sur une feuille à part, dans une enveloppe ouverte (pour que les professionnels de l'équipe puissent la lire), glissée dans le cahier de vie ; les parents pouvaient décider de laisser cette lettre dans le cahier ou de la conserver chez eux dans un dossier. Je faisais de même dans les courriers aux médecins qui recevaient l'enfant en consultation. Bien entendu, cela faisait l'objet d'une convention entre les parents et moi. Les parents décidaient de la façon dont l'information médicale pouvait circuler dans l'équipe et ces courriers ne contenaient que ce qui pouvait circuler.

C'est sans doute ce qui est le plus difficile pour les professionnels dans la transmission de l'information, c'est en tout cas ce qui a été le plus difficile dans mon exercice. Les familles n'avaient pas la même exigence dans cette transmission des informations. Les parents d'enfants et les parents d'adultes ne réagissaient pas de la même manière pour les informations médicales. Certains parents exigeaient de tout savoir « en temps réel », certains demandaient que leur avis soit requis avant toute intervention médicale. D'autres demandaient d'être avertis simplement des mesures prises. Par exemple pour un petit rhume, il fallait téléphoner aux parents de X. pour avoir l'autorisation de l'examiner, mais pour Y, il fallait glisser ce petit mot dans le cahier de vie avec les conclusions de l'examen médical et l'ordonnance pour les pulvérisations nasales...

Pour les parents vieillissants d'un adulte polyhandicapé résidant de longue date en internat dans un établissement, certains demandaient de n'être prévenus que pour les incidents de santé importants, d'autres souhaitaient être au courant de chaque « bobo ». Pour les crises d'épilepsie, incidents très fréquents chez ces personnes, certains parents exigeaient que l'on requière leur avis à chaque fois qu'un traitement de la crise s'imposait alors que d'autres souhaitaient être prévenus une fois la crise passée. Tout ceci est compréhensible, c'est une affaire de convention avec les parents. Il faut simplement ne pas se tromper de procédure, sinon, gare à « l'engueulade »...

Le « signe de la chaussette »

Marielle Lachenal glisse, dans sa participation à ce livre, une boutade : parfois, nous dit-elle, la seule façon de rester « parents », c'est de compter les chaussettes ! Cette petite phrase subtile, ironique m'a rappelé des situations qui paraissent absurdes dans ce sens ou un détail, une « broutille » provoque ou entretient un conflit entre parents et équipe qui frôle parfois la crise diplomatique. Qui n'a pas lu dans le cahier de vie, des phrases incendiaires d'un parent au sujet d'une chaussette manquante. Qui n'a pas eu connaissance d'un appel téléphonique tout aussi incendiaire au directeur de l'établissement, voire à la direction générale de l'association quand ce n'est pas à l'ARS, toujours au sujet de cette maudite chaussette.

Dans notre sémiologie médicale, nous aimons les appellations imagées. Je propose d'appeler ces situations conflictuelles absurdes, le « signe de la chaussette » pour ne pas oublier que nous en sommes responsables et qu'elles ne doivent leur véhémence qu'au fait d'avoir privé ces parents de leur « place de parents ».

5. Prendre soin des professionnels**

Une question d'humanité

Depuis toujours, des personnes prennent soin d'autres personnes. C'est le propre de l'Homme. Le prendre soin est au cœur de la stimulation basale dans le sens où elle est particulièrement attentive à la personne dans la singularité de son être et de son existence lorsqu'elle est touchée par un handicap grave ou une maladie.

La stimulation basale pourrait se définir comme une éthique de la sollicitude car elle prend soin également de ceux qui prennent soin des autres. La formation, au-delà de la transmission de savoirs et de savoir-faire, vient questionner le savoir-être et la posture du professionnel dans sa relation et dans sa représentation de la personne qu'il accompagne chaque jour. Pour le professionnel, c'est apprendre à la rencontrer telle qu'elle est et à l'aider de son mieux, avec compétence, respect et délicatesse.

La stimulation basale pourrait également se définir comme une éthique relationnelle[177]. Ce qui nous caractérise en tant qu'être humain, c'est avant tout notre attente de réciprocité et d'équité dans les relations que nous avons avec les autres. « *Pour Martin Buber, nous pouvons être en relation avec les autres selon deux modes : celui du vrai dialogue Je-Tu et celui de la relation Je-Cela dans laquelle les autres sont les objets de nos actions et de nos observations. Dans ce cas, nous parlons des autres sans être en dialogue avec eux* »[178]. Selon Catherine Ducommun-Nagy, l'éthique relationnelle n'est pas un code moral, notre responsabilité est de répondre à l'autre. Elle se situe dans la prise en compte des besoins des autres sans être dans le déni de nos propres besoins. Elle est en lien avec le don, celui de donner de soi et de recevoir de l'autre dans la relation (balance *éthique pour « peser » ce qu'on donne et ce que l'on reçoit*)[179]. Ainsi, dans chaque relation vécue, que donnez-vous, que recevez-vous ? Qu'en est-il lorsque vous êtes en relation avec une personne en situation de handicap sévère, avec sa famille, avec

---

[177] DUCCOMUN-NAGY C., Ces loyautés qui nous libèrent, éditions JC Lattès, 2006
[178] DUCCOMUN-NAGY C., Ces loyautés qui nous libèrent, éditions JC Lattès, p.33, 2006
[179] Ivan BOSZORMENYI-NAGY est psychiatre hongrois (1920-2007), il est à l'un des pionniers de la thérapie familiale aux Etats-Unis et fondateur de la thérapie contextuelle. Il a utilisé l'image d'un livre des comptes puis celle d'une balance de marché comme image pour expliquer l'éthique relationnelle.

vos collègues ? Comme nous l'avions évoqué en début de chapitre, beaucoup de professionnels quittent le médico-social (le
navire). Qu'ont-ils mis dans leur balance ? Qu'est-ce qui a pesé
le plus lourd pour les décider à partir : le manque de reconnaissance financière, le manque de valorisation, la perte de sens de
leur travail face à un management « déshumanisé », une fatigue
de la compassion ?

Les professionnels qui restent (ou ceux qui arrivent) sont peut-
être ceux qui ont trouvé un équilibre, parfois fragile, mais empreint d'humanité et de don de soi. Car le cœur de l'accompagnement est bien la relation. Cependant, la nature de l'accompagnement même (la relation) peut être perçue comme une situation paradoxale par le professionnel dans le sens où il donne
de lui « gratuitement » tout en étant payé en contrepartie pour
prendre soin des personnes qui lui sont confiées. Il est donc redevable vis-à-vis de son employeur et plus globalement, vis-à-
vis de la société.

La rencontre vue par les professionnels

Dans la perspective d'écrire ce livre sur le thème *du Prendre
soin*, j'ai souhaité recueillir la parole des professionnels formés
à la stimulation basale dans les établissements qui accueillent
des enfants ou des adultes avec un handicap grave. J'ai donc
proposé un questionnaire en 2023 à ceux et celles qui souhaitaient y répondre librement, de façon anonyme ou non. Vingt-
cinq professionnels y ont répondu (aides-soignantes, aides-médico-psychologiques, psychomotriciennes, infirmières, ergothérapeute, cheffes de service, directrice). Les questions posées étaient centrées sur les valeurs de la stimulation basale et
son impact sur leur fonction d'accompagnant au quotidien.

Qu'évoque, pour vous, le mot "humanité" ?

- *Les valeurs humaines, l'appartenance au groupe des êtres humains, la bienveillance vis-à-vis des êtres humains quels qu'ils soient.*
- *Une compassion envers ses semblables.*
- *Vivre ensemble, l'équité et les valeurs.*
- *Altruisme, respect, tolérance, amour !*
- *La nature humaine.*
- *Le lien entre les hommes.*
- *Spontanément, je dirai que ce mot m'évoque l'ensemble des humains peuplant la Terre depuis « la nuit des temps » et ce qui serait le sentiment propre à l'humain. Cela renvoie à la bonté, à la compréhension de l'autre et à son acceptation, tel qu'il est. En faisant « preuve d'humanité », je me conduis avec compassion avec l'autre, reconnaissant en lui ma situation d'humain avec mes propres failles. Nous sommes semblables. Humanité m'évoque aussi le journal fondé par Jean Jaurès. Et enfin, « faire ses humanités » comme on disait autrefois, c'était apprendre les sciences humaines (comme le latin, l'histoire, les arts, la philosophie) afin d'être plus aguerris sur le monde et développer notre discernement. Pour revenir au sentiment d'humanité, c'est faire preuve d'une sensibilité et d'une puissance incroyables, totalement gratuites sans s'exercer une force et un pouvoir sur l'autre. Certains peuvent considérer ce sentiment d'humanité comme une faiblesse. On peut aussi manquer d'humanité en « déshumanisant » l'autre, violence ultime. L'humanité doit sans cesse s'opposer à la cruauté, au calcul, à l'indifférence, à la dureté. C'est un élan spontané et solidaire pour aider quelqu'un, c'est un regard bienveillant et aimant, une chaleur dans le lien à l'autre. C'est ce qui nous rend meilleur et heureux quand*

on le partage, il nous fait ressentir la plénitude ; ce sont des « chaudoudoux »[180] en barre ! Bref, c'est la face éclairée de l'humain ; profonde, puissante, généreuse et douce.

Qu'évoque, pour vous, le terme "Prendre soin" ?

- S'occuper avec bienveillance de la santé d'autrui dans ses dimensions physique, psychique et sociale.
- Accompagner une personne vulnérable pour améliorer son état de santé dans les dimensions physique, psychique et sociale.
- Une attention à l'autre, une écoute, une disponibilité dans la relation.
- Prendre le temps.
- Veiller à ce qu'une personne dépendante ne manque de rien tant au niveau de son confort physique et psychique. Par exemple faire la toilette d'une personne, ce n'est pas seulement faire en sorte qu'elle soit propre, c'est aussi être attentif à ses vêtements pour que la personne se sente bien dedans (trop serré, trop chaud), c'est lui mettre des vêtements coordonnés, la coiffer, la parfumer. Mais également la laisser faire ce qu'elle a la capacité de faire, même si cela prend un peu plus de temps.
- S'assurer de répondre aux besoins primaires de l'autre.
- Accompagner l'autre, favoriser son autonomie avec bienveillance et bientraitance.
- Soutenir, accompagner la personne en fonction de ses besoins et de ce qu'elle nous montre

---

[180] STEINER C., Bande dessinée, Le conte chaud et doux des chaudoudoux, éditions Interéditions, 1984

- *Empathie, capacité à comprendre ou tenter de comprendre la réalité de l'autre et s'y adapter. Respecter l'autre, son rythme, ses besoins, son libre-choix, accueillir sans jugement l'émotion, les ressentis, l'expression.*
- *Accepter l'autre dans toute sa réalité, son émotivité et ses besoins.*
- *Se rendre réellement disponible à l'autre pour faire avec, être avec. Soigner notre façon de toucher (somatique) mais aussi moduler notre voix (vibratoire) et soigner la qualité du contact visuel.*
- *Prendre soin de l'environnement dans lequel est placé et évolue la personne accompagnée.*
- *Prendre en compte la personne dans son entièreté (physique et psychique) pour prodiguer des soins de la vie courante en adéquation avec ses souhaits. Être dans la bienveillance et la remise en question perpétuelle. "Et si c'était moi ? Et si c'était un membre de ma famille ? Que voudrais-je pour son bien-être ?"*
- *Je voudrais prendre soin d'éviter de trop me perdre... La question du soin et du Prendre soin est au cœur de nos métiers de professionnels auprès de personnes en grande vulnérabilité. Prendre soin, c'est dans l'attention que l'on porte à l'autre, de manière altruiste, à tout ce dont il a besoin. Cette attention n'est pas forcément innée ni gratuite d'ailleurs (elle se travaille beaucoup en formation de psychomotricienne). Prendre soin, c'est la sollicitude que l'on développe en se souciant de l'autre, en se sentant concerné par ce qu'il vit, d'autant plus lorsque sa situation est fragilisée. Je pense à l'éthique du care et aux très beaux articles « le syndrome de l'étiquette », « l'art de la discrétion » de Concetta Pagano.*

Prendre soin, c'est veiller. Veiller à la santé physique et psychique de la personne, à son confort, à l'amélioration de ses conditions de vie, à ses indispensables liens aux autres, à son mieux-être, son bien-être. C'est observer finement, écouter, répondre aux attentes. Prendre soin demande d'être tout simplement disponible (cela peut paraitre évident mais actuellement c'est une posture tellement "luxueuse"). Prendre soin, c'est accompagner avec respect la personne dans l'expression de son être et de son individualité en lui prêtant une vie psychique à part entière. Prendre soin, c'est faire preuve d'empathie et de bienveillance en identifiant ce que le handicap fait vivre à la personne en situation ; tout en sachant reconnaitre en soi-même ses propres émotions et ses propres limites. En effet, au-delà du contact direct avec la personne et de la mission technique et spécifique attribuée à chaque professionnel du soin, c'est se sentir soi-même concerné dans la présence et la relation engagées avec cette personne. Dans une institution, le prendre soin, c'est notre travail à tous, dans la pluridisciplinarité qui est une force. Cela se travaille et s'organise. Chacun prend sa part. Parfois, cette part peut être jugée ingrate mais combien nécessaire (nursing). Je perçois qu'il s'agit de beaucoup d'actes et d'attentions peu visibles, non répertoriés et non quantifiables qui se font pourtant dans le quotidien par mes collègues de proximité (le choix d'un textile souple, une harmonie de couleur, une installation avec vue sur l'extérieur, un baume à lèvres, un gant fabrication maison lacé d'un beau ruban autour d'une main, etc.). Et pour ma part, j'ai l'impression que prendre soin de l'autre

peut se nicher dans l'infiniment petit, à peine perceptible, du presque rien.

Selon vous, que représente le mot "rencontre" dans l'approche
basale ?

- *La disponibilité à l'autre, se mettre à son niveau de com-munication et à son rythme.*
- *Disponibilité et proximité selon ses capacités de relation et de communication.*
- *Que cette rencontre soit dans la réciprocité, dans la douceur et le calme.*
- *C'est se rencontrer par le toucher.*
- *C'est partager.*
- *C'est chercher des interactions entre aidant et aidé.*
- *C'est rencontrer l'autre en tenant compte de sa "bulle".*
- *C'est trouver le bon canal de communication pour faci-liter nos échanges.*
- *C'est se mettre à la portée de la personne en adaptant notre posture, notre langage, nos gestes. S'ouvrir à elle pour lui permettre de s'ouvrir à nous.*
- *L'ESSENTIEL ! en résumant la stimulation basale, je dirai qu'il s'agit d'une approche qui amène à toujours réflé-chir sur l'art et la manière de se rencontrer soi-même, de rencontrer l'autre.*
- *Comment accompagner la personne "sujet de soin" pour lui permettre de vivre les rencontres, essentielles à la vie humaine.*
- *Aller vers l'autre en pleine conscience, en tenant compte de ses besoins spécifiques et s'ajuster. Ne pas faire intrusion, prévenir, informer...*

- *C'est rencontrer la personne là où elle en est, avec ce qu'elle est.*
- *Le mot RENCONTRE représente l'essence même, la base, le début et presque la finalité ? Dans tous les cas, avec altérité, respect et joie, c'est à partir de là que tout commence sérieusement !*

Selon vous. qu'est-ce qui est le plus difficile dans la rencontre auprès d'une personne en situation de handicap sévère ?

- *L'absence de communication verbale.*
- *Comprendre les ressentis de la personne.*
- *La première rencontre.*
- *Identifier et comprendre le langage corporel de la personne.*
- *Entrer en relation et établir une relation de confiance.*
- *La peur de ne pas se comprendre.*
- *Trouver "la clé" et la "bonne porte d'entrée".*
- *Communiquer avec elle de façon non verbale.*
- *Le contexte professionnel implique souvent beaucoup de mouvements, voire d'agitation. Le plus difficile est d'être complètement disponible et dédiée à la rencontre avec l'autre, cela demande du temps.*
- *De prendre le temps : le temps de rencontrer l'autre mais surtout le temps de laisser l'autre nous rencontrer.*
- *Être complètement disponible, ne pas se laisser perturber par les stimuli extérieurs comme les interpellations, le téléphone, la pression (ou pseudo-pression) des horaires et les "ronchonnades" ambiantes...*
- *Avoir une observation toujours fine et attentive du langage corporel de la personne. Parfois se tromper dans*

l'interprétation de ces signes, ne pas toujours faire les bonnes hypothèses...

- *Apprendre à mouvoir une personne sans lui faire mal.*
- *Le manque de temps.*
- *Perdre nos repères pour en recréer d'autres afin de trouver la porte d'accès.*
- *Toucher la personne sans lui faire peur.*
- *Le plus difficile est d'être disponible en termes de réelle présence à l'autre, d'être capable de prendre le temps de la rencontre, de ralentir ma propre cadence, pour laisser à l'autre une plage silencieuse durant laquelle il pourra s'exprimer. Le temps de l'écoute, de l'observation, de la venue d'une expression sonore, d'une respiration, d'une mimique, d'une initiative gestuelle. Le silence peut être d'or. Dans mes verbalisations avec la personne, il est parfois difficile de nuancer et différencier ce qui s'apparente à mes propres ressentis et représentations. Dans la rencontre auprès d'une personne en situation de handicap sévère, il est difficile d'évaluer à quel moment je commence "à parler à sa place". Et en même temps, c'est quand même par notre parole que le vécu de la personne en situation de handicap peut être exprimé, retranscrit, témoigné et reconnu.*

Comment vous sentez-vous, aujourd'hui, dans votre fonction d'aidant ?

- *Je me sens mieux depuis que j'ai changé de groupe car il y a moins de résidents et nous avons donc plus de temps.*
- *J'aime toujours autant mon métier, chaque jour, il prend plus sens grâce à ma présence au quotidien*

auprès des personnes, aux échanges avec mes collègues et avec les stagiaires et grâce aux formations. Cependant, nos salaires sont misérables, on a peu de reconnaissance de la société et on ne se sent pas trop valorisés.

- *Je suis jeune professionnelle, j'ai donc conscience d'avoir encore plein de choses à apprendre, en particulier sur les enfants que j'accompagne. Cela me met une certaine pression mais j'adore les accompagner.*

- *Chanceuse ! de travailler auprès de jeunes "extra-ordinaires" qui chaque jour me ramène à l'essentiel. Je travaille auprès de personnes polyhandicapées depuis 16 ans et j'ai la chance d'apprendre encore et encore à leurs côtés. Je me réjouis avec elles de chaque victoire, aussi infime soit-elle, je tremble avec elles lors des coups durs, je prends le temps d'être ensemble, de partager des moments de calme et d'apaisement. Parfois, je suis émerveillée de leur soif de vivre, de s'épanouir, d'accompagner des familles exceptionnelles de courage et d'envie d'aller de l'avant. Et parfois, je suis aussi un peu fatiguée... Fatiguée de devoir toujours un peu me battre pour tenter de faire entendre leurs voix, leurs besoins, leurs capacités ; même auprès de personnes qu'on pourrait penser sensibles à la cause du handicap. Parfois, je suis un peu fatiguée de ne pas trouver de réseaux médicaux et paramédicaux de secteur, de plus en plus devoir pallier les manques de personnel... La vie quotidienne auprès de ces personnes est intense, riche, enseignante mais aussi exigeante et énergivore, à la hauteur peut-être de l'énergie qu'elles déploient pour grandir. On ne s'ennuie pas !*

- *Je me sens bien parce que la stimulation basale est au cœur de notre projet d'établissement et que j'ai choisi d'y travailler pour cette raison !*
- *Je me sens épanouie et bientraitante parce que mon environnement de travail me le permet. J'ai une affection forte et indéfectible pour les résidents de la Maison d'Accueil Spécialisée.*

Comment définiriez-vous l'approche de la stimulation basale (avec vos mots) ?

- *C'est une approche de l'être humain en situation de handicap sévère. Elle nous fait réfléchir à notre savoir-être et nous aide à comprendre ses comportements à travers les perceptions de base. Elle permet de cheminer avec lui pour l'aider à se développer.*
- *Elle aide à mettre du sens dans les comportements des personnes sévèrement handicapées et m'aide à améliorer mon savoir-être auprès de ces personnes.*
- *C'est une approche respectueuse, un accompagnement au plus proche du résident, dans l'écoute, la dignité et la douceur.*
- *Pour moi, la stimulation basale est le cœur, l'essence même de mon métier d'AMP : du soin, de l'éducatif, du pédagogique et du thérapeutique. Un accompagnement global !*
- *C'est une approche par le toucher bienveillant qui tient compte des besoins de la personne.*
- *C'est revenir à l'essentiel pour venir chercher la personne là où elle est et là où elle en est dans son développement pour ensuite pouvoir construire et avancer avec elle.*

- *C'est trouver ce qui fait socle entre tous les êtres humains quel que soit leur parcours de vie.*
- *C'est permettre une mise en réflexion pour toujours s'ajuster, s'accorder le plus possible aux besoins, aux compétences et aux envies des personnes en limitant nos projections et nos interprétations. C'est chercher et, j'espère, trouver une juste place dans l'accompagnement.*
- *C'est une façon de rencontrer les personnes en situation de grande dépendance afin de ne pas faire effraction dans leur environnement.*
- *C'est veiller à ne pas imposer la rencontre.*
- *C'est entrer en relation avec l'autre en tenant compte de ses capacités de compréhension. Une façon de communiquer. J'ai envie de dire, une relation "maternante" et enveloppante...*
- *Quelle que soit la sévérité de son handicap, toute personne a en elle des capacités sensorielles et des ressources internes suffisantes pour éprouver son corps et ressentir des affects dans la rencontre avec l'autre. L'approche de la stimulation basale va donner du sens, mettre en valeur tant les besoins que les compétences de la personne, même insoupçonnées et si discrètes (sur le plan moteur, sensoriel, cognitif, émotionnel et psychoaffectif). C'est une approche philosophique profondément humaine et optimiste dans laquelle la personne en situation de handicap sévère se sent reconnue et invitée à faire par elle-même. Le professionnel ressent lui-même un vécu positif de sa pratique. Chacun se reconnait meilleur en somme. Dans une institution soignante, quelles que soient notre profession et notre mission, la*

stimulation basale nous permet ainsi d'avoir le plus de dénominateurs communs en partageant des valeurs, des références, un regard, une façon de faire et d'être. À partir de là, nous pouvons bâtir ensemble un projet individuel d'accompagnement. C'est indéniablement une richesse institutionnelle.

« Qu'est-ce qui compte vraiment dans l'existence ? Qu'est-ce qu'on identifie au fond de soi, comme essentiel ? Il doit bien y avoir à l'intérieur de nous, quelque chose qui nous anime, une direction qui s'impose et qui donne un sens à chacun de nos pas. »[181] Je pense qu'à la lecture de ces réponses, le *prendre soin* est au cœur des préoccupations des professionnels interrogés malgré le contexte difficile du secteur du médico-social que nous connaissons actuellement. Finalement, même s'il est un peu sens dessus dessous, les professionnels, eux, ne semblent pas avoir perdu le sens de leurs valeurs. Je conclurais par une citation de Ghandi : « *Nous avons mieux à faire de la vie que d'en accélérer le rythme* », alors prenons le temps de la rencontre.

---

[181] ANDRE C., JOLLIEN A., RICARD M., Trois amis en quête de sagesse, éditions J'ai lu, p.41, 2017

Conclusion

Depuis toujours, des personnes prennent soin d'autres personnes. C'est le propre de l'Homme. Le *Prendre soin* est un concept qui puise ses origines dans l'éthique du care, développée essentiellement par les femmes dans les soins infirmiers. Le *prendre soin* est au cœur de la stimulation basale dans le sens où elle est particulièrement attentive à la personne dans la singularité de son être et de son existence lorsqu'elle est touchée par un handicap grave ou une maladie. Au-delà des soins, l'accompagnement de personnes en situation de handicap sévère nécessite une démarche de *prendre soin* de la part des accompagnants. Ainsi, tout établissement accueillant des personnes fragiles, dépendantes et vulnérables doit veiller ou s'éveiller au principe de responsabilité envers les accompagnants en proposant un soutien actif, bienveillant et adapté à la réalité du « terrain ». Lorsque la dynamique institutionnelle permet aux professionnels de mettre en œuvre l'approche de la stimulation basale après la formation, le *prendre soin* prend toute sa place. Elle aide les professionnels à redonner du sens à leur accompagnement, à porter une attention particulière à la rencontre. Au cours d'une journée, quel est le temps consacré à une rencontre que l'on pourrait qualifier de « gratuite » entre une personne et un accompagnant, se rencontrer, être en relation juste pour le plaisir de l'être, sans objectif éducatif, thérapeutique ou de soins ? Une rencontre est peut-être « réussie » lorsque celle-ci crée une troisième entité entre deux personnes : c'est l'espace de rencontre où chacun s'ajuste à l'autre en trouvant une juste proximité, une altérité au-delà de la différence, être tout simplement en accueillant l'autre avec délicatesse et authenticité.

La stimulation basale, grâce à ses modèles théoriques et à ses outils pratiques, invite les accompagnants à être dans une démarche d'ouverture et de créativité en privilégiant le savoir-être, en valorisant « toutes ces petites choses » du quotidien, en puisant dans un savoir-faire qui vient nourrir le *prendre soin* auprès de personnes vulnérables et dépendantes. Les accompagnants, au quotidien, sont amenés à partager très souvent l'intimité des personnes qu'ils rencontrent et accompagnent. Ces situations quotidiennes (un soin, une toilette, un repas, une mobilisation, un transfert, un lever, un coucher, etc.) sont vécues dans une intimité partagée qui nécessite de la part de l'accompagnant une posture adaptée, bienveillante et délicate afin d'être dans une juste proximité physique et psychique.

Ainsi, les espaces de rencontre et plus globalement l'approche basale aident également les professionnels à mettre des mots sur leurs ressentis et à partager ce qu'ils vivent au quotidien. Mais cette parole doit être entendue et reconnue comme une parole vivifiante au service des personnes en situation de handicap sévère et de leur famille. Toute institution se doit de prendre soin de ses professionnels afin de les reconnaitre et de les soutenir pour qu'ils puissent se sentir « suffisamment bons » au sens de Winnicott.

Remerciements

« *Le Bien est plein de douceur, de bienveillance et de délicatesse.*
Il est toujours à la disposition de qui le désire. »
Charles Juliet, Ces mots qui nourrissent et apaisent.

À Andreas Fröhlich,
pour ses pensées, son soutien
et sa délicatesse.

À Sophie Dumont,
Miguy Saminadin,
Lénaïg Kleinbauer,
Philip Vanmaekelbergh,
Thomas Buchholz,
pour leurs réflexions et leur partage.

À Marielle Lachenal,
pour son authenticité et sa perspicacité.

Aux professionnels des établissements
pour leurs réflexions et leur engagement.

À tous les enfants et les adultes que nous accompagnons,
Aux parents, aux familles,
pour leur confiance.

Bibliographie

ANDRE C., Les introvertis au pouvoir, revue Cerveau & Psycho, n°61, 2014

ANDRÉ C., imparfaits, libres et heureux, pratiques de l'estime de soi, Odile Jacob, 2009

ANDRE C., JOLLIEN A., RICARD M., Trois amis en quête de sagesse, éditions J'ai lu, 2017

AFFOLTER F., Perception, Wirklichkeit et Langage, éditions Suisse et étranger, 1991

BALZAC H., Le contrat de mariage, éditions Calmann-Lévy, 1895

BARROUX G., La médecine de l'encyclopédie, CNRS éditions, 2017

BEN SOUSSAN P. La médecine est-elle encore un art du salut - Cancer(s) et psy(s) 2019 - 1 (n° 4), pages 18 à 37

BOUTIN A.M., Le bien-être physique et mental de la personne polyhandicapée, in EUFORPOLY II : Europe, formation, polyhandicap. Programme communautaire Leonardo da Vinci - 2000-2001. Ed. AIR Besançon, 2001

BRILLON P., Entretenir ma vitalité d'aidant, éditons de l'Homme, 2021

BUCHHOLZ T., SCHÜRENBERG A., Basale Stimulation in der Pflege alter Menschen, Huber Verlag, 4, Auflage, 2013

BÜKER U., La Stimulation Basale et les troubles du comportement, reconnaissance et prise en compte d'une communication non-verbale https://www.stimulationbasale.fr/les-publications/ , 2013

BÜKER U., Mais que fait donc mon enfant, un petit guide à propos de l'autostimulation, éditions Kilian Andersen, 2017

CANGUILHEM G., « Le statut épistémologique de la médecine », dans Études d'histoire et de philosophie des sciences concernant les vivants et la vie, Paris, Vrin, 1994

CATAIX-NEGRE E., Communiquer autrement, éditions Deboeck supérieur, 2017

CHAVAROCHE P., Où va le médico-social ? p.42, Erès, 2021

DELAGE M., La vie des émotions et l'attachement dans la famille, éditions Odile Jacob, 2013

DIEBOLT E., Anna Hamilton, l'excellence des soins infirmiers, Recherches en soins infirmiers, n°131, 2017

DUPONT-MONOD C., S'adapter, éditions Stock, 2021

DUFOURMANTELLE A., Puissance de la douceur, Rivages Poche, 2022

DUCCOMUN-NAGY C., Ces loyautés qui nous libèrent, éditions JC Lattès, 2006

EMERSON E., EINFELD S., Les comportements-défis, analyser, comprendre et traiter, éditions Deboeck, 2016

ELKAÏM M., Si tu m'aimes, ne m'aimes pas, éditions du Seuil, 1989

FERRY L., Mythologie et Philosophie – 1, éditions J'ai lu, 2016

FICHER-LOKOU J., Le toucher est une arme douce, Revue Cerveau & Psycho n°74 - février 2016

FLEURY C., Le soin est un humanisme, Tracts Gallimard n°6, mai 2019

FREUDENBERGER H., L'épuisement professionnel, « la brûlure interne », éditions Morin, 1987

FRÖHLICH A., Le concept, éditions SZH, 1998, www.stimulationbasale.fr

FROHLICH A., Basale Stimulation in der Pflege, das Arbeitsbuch, 2. Auflage, 2010

FRÖHLICH A., BIENSTEIN C., Basale Stimulation® in der Pflege, Die Grundlagen, 8. Auflage, Hogrefe Verlag, 2016

FRÖHLICH A., BIENSTEIN C., Basale Stimulation® in der Pflege, Die Grundlagen, 9. überarbeitete Auflage, Hogrefe Verlag, Bern, 2020

FRÖHLICH A., Activités de la vie journalière de l'enfant gravement handicapé, éditions De Boeck, 2014

FRÖHLICH A., Qualité de vie, l'accompagnement des personnes ayant un handicap grave, Recueil de textes. Inst tution de Lavigny, 1995, www.stimulationbasale.fr/les-publications/

FRÖHLICH A., La stimulation basale, avancer ensemble dans la réalité sensorielle du monde, 2001, www.stimulationbasale.fr

FRÖHLICH A., Basale Stimulation, Ein Konzept für die Arbeit mit schwer beeinträchtigten Menschen, Verlag selbstbestimmtes Leben, Düsseldorf, 2015

FROHLICH A., article La globalité du développement, www.stimulationbasale.fr, 2001

GARDOU C., Parents d'enfant handicapé, éditions Erès, 2012

GEADAH R. Regards sur l'évolution des soins, aspects historique et éthique des relations entre professionnels de santé et patients, Recherche en soins infirmiers, 2012/2, n° 109, pages 16 à 32

GEADAH R.R., Aspects historique et éthique des relations entre professionnels de santé et patients, Recherches en soins infirmiers, 2012/2, pages 16 à 32, 2017

GEORGES-JANET - Fonction soins auprès des enfants, adolescents, adultes polyhandicapés, CESAP Informations, 1988

GILLIGAN C. Une voix différente, pour une éthique du care, Champs essais Flammarion, 2008

GOUNOUGBE A., Fatigue de la compassion, éditions Souffrance et Thérapie, 2014

GUION A., Toucher et massages dans les soins du quotidien, Lamarre, 2023

HALL E-T, La dimension cachée, Essais – Points, 1971

HALL E-T, Le langage silencieux, Points Essais, p.187, 1984

HAWKE L., La force des introvertis, éditions Eyrolles, 2013

KORZYBSKI A., Une carte n'est pas le territoire, éditions de l'Éclat, 2007

LACHENAL M., Être parent d'un adulte en situation de handicap, Erès, 2023

LADSOUS J., Posture du corps et de l'esprit, VST - Vie sociale et traitements, vol. 96, no. 4, 2007, p.74-77.

LADY MARY WORTLEY MONTAGU voir : La variolisation ou les prémices de la vaccination, La Recherche, https://www.larecherche.fr/sant%C3%A9-vaccins/1-la-variolisation-ou-les-pr%C3%A9mices-de-la-vaccination

LEGAGNEUR A., DELAUNAY S., Comment évalue-t-on les troubles du comportement. Actes des 8° journées médicales, Rouen. Ed. CESAP, 2016

MASLACH Christina, Le syndrome d'épuisement professionnel, Les Arènes, 2011

MONDZAIN M.J, Les mots hôte, hostie, ennemi ont une origine commune ; http://www.seraphim-marc-elie.fr/article-les-mots-hote-hostie-ennemi-ont-une-origine-commune-118571794.html

NEUBERGER R., les territoires de l'intime, Odile Jacob Poches, 2018

PAGANO C., La stimulation basale, à l'écoute des personnes en situation de handicap sévère, Erès, 2020

PAGANO C., La stimulation basale, c'est quoi ? CoolLibri, 2022

PAGANO C., La stimulation basale, l'art de la discrétion, www.stimulationbasale.fr, janvier 2021,

PAGANO C., Petites rencontres au quotidien, actes du colloque Pédagogie et polyhandicap, juin 2014, Cesap, Paris

PAGANO C., « Avec nos mains » - livret poétique illustré, www.chem1nsdeplume.fr, 2021

PAUL M., La démarche d'accompagnement, repères méthodologiques et ressources théoriques, De Boeck Supérieur, 2016

PEPIN C., La rencontre, une philosophie, Pocket, 2021

PERRONE R., Le syndrome de l'ange, considérations à propos de l'agressivité, ESF, 2013

PIAGET J., Les stades du développement affectif selon Piaget, éditions l'Harmattan, 2001

RAHBI P., KORMAN D., la légende du colibri, Actes Sud jeunesse, 2016

RICOEUR P., Soi-même comme un autre, Seuil, 1991

ROFIDAL T. & PAGANO C., Projet individuel et Stimulation Basale – Vers une pédagogie de l'accompagnement de la personne en situation de polyhandicap, Erès, 2018

ROFIDAL T., L'alimentation de la personne polyhandicapée, goûter le plaisir et découvrir le monde, Erès, 2022

ROFIDAL T., BREDILLOT M. - Le médecin et l'infirmière - 2021 in La personne polyhandicapée DUNOD 2° Ed.

SAGE R., Enveloppes corporelles et toucher en stimulation basale, www.stimulationbasale.fr, 2023

SAINTE-FARE-GARNOT, L'Hôpital Général de Paris. Institution d'assistance, de police ou de soins ?

SAULUS G.- La clinique du polyhandicap comme paradigme des cliniques de l'extrême, pages 125-139, Champ psy 2007-1 (n° 45)

SAUNDERS C., « A therapeutic Community: St Christoher's Hospice », in Schoenberg B et al., psychological aspects of terminal care. New York, Columbia University Presse, p.275-289, 1972

SELVINI PALAZZOLI M., Paradoxe et contre-paradoxe, éditions ESF, 4 e édition, 2017

SINOUÉ G., La Dame à la lampe, une vie de Florence Nightingale, Ed. Gallimard, 2009

SOURNIA J.C., Histoire de la médecine et des médecins, Ed. Larousse, Paris, 1991

SCHULTZE C., Femme-médecin au XIX° siècle, 1888- https://archive.org/stream/BIUSante_TPAR1888x049/BIU-Sante_TPAR1888x049_djvu.txt

STEINER C., Bande dessinée, Le conte chaud et doux des chaudoudoux, Interéditions, 1984

STERN D., Rythme et intersubjectivité chez le bébé, Erès, 2018

TENON J., Mémoires sur les hôpitaux de Paris, 1788, https://gallica.bnf.fr/ark:/12148/bpt6k6275882s/f88.item

THIEÛ NIANG T., Agapè, danser à l'hôpital, éditions Erès, 2022

TISSERON S., Intimité et extémité dans communications, 2011/1 (n°8), p 83-91, éditions Le Seuil

TRONTO J., Un monde vulnérable, pour une politique du care, La Découverte 2009

TROTULA DE SALERNE Horacio Mesón, la femme savante de la médecine https://www.pressenza.com/fr/2022/04/trotula-de-salerne-la-femme-savante-de-la-medecine/

VANMAEKELBERGH P., La simple rencontre basale, www.stimulationbasale.fr , 2021

VANMAEKELBERGH P., Résonance et consonance dans la Stimulation Basale, www.stimulationbasale.fr , 2024

ZAOUI P., La discrétion ou l'art de disparaitre, éditions Autrement, 2015

Références sites :

https://www.stimulationbasale.fr

https://www.techniques-hospitalieres.fr/blog/la-grande-histoire-de-l-hopital-episode-3-n2398

http://gpf.asso.fr/le-gpf/definition-du-polyhandicap

Livret *Des mots pour comprendre*, Témoignage de fratrie, www.plateformeannoncehandicap.be

https://image3.slideserve.com/6191221/inter-relationship-between-language-areas-bloom-and-lahey-1978-l.jpg

Manuscrit autographe de Louise de Marillac, n° 112, conservé aux Archives de la Compagnie des Filles de la Chanté, 140, rue du Bac, 75006 Pans

Table des matières

© 2025 Concetta Pagano
Édition : BoD · Books on Demand, 31 avenue Saint-
Rémy, 57600 Forbach, bod@bod.fr
Impression : Libri Plureos GmbH, Friedensallee 273,
22763 Hamburg (Allemagne)
ISBN : 978-2-3224-9776-8
Dépôt légal : Janvier 2025